꽃을 사랑한 젊은 작가들

Young Writers Who Loved Flowers
By Kim Min Cheol

Published by Hangilsa Publishing Co. Ltd., Korea, 2025

꽃을
사랑한
젊은
작가들

김민철 지음

한길사

시대에 따라 꽃에 대한 관심도 변한다
프롤로그

 이 책은 우리나라 젊은 작가들이 소설에서 다룬 꽃 이야기를 풀어놓았다. 그들이 출간해 최근 주목받는 소설 중에서 주변 사람들에게 권할 만큼 내용이 좋으면서 꽃이 주요 소재나 상징으로 나온 작품들을 다뤘다.

 꽃으로 소설을 읽고 소설에 나오는 꽃을 찾아 그 의미를 알아보는 것은 저자의 오랜 관심사였다. 소설에 꽃이 나오는 장면을 보여준 다음, 그 소설에서 꽃이 어떤 맥락으로 쓰였는지 그리고 그 꽃의 의미를 알아보고 나서 저자가 직접 경험한 그 꽃에 대한 에피소드 등을 함께 담는 형식이다.

 예를 들어 최은영의 장편소설 『밝은 밤』은 증조모·할머니·어머니·딸 등 4대에 걸친 여성 이야기를 담았는데, 진달래꽃이 증조모 삼천과 새비 아주머니의 자매애를 상징하는 꽃으로 나온다. 또 윤성희의 단편 「어느 밤」에서는 60대 여성이 아파트 단지에서 넘어져 꼼짝할 수 없을 때 딸과 추억의 상징으로 달맞이꽃이 나온다. 김기태의 소설집 『두 사람의 인터내셔널』에서는 거의 모든 작품에 목련이 소재로 등장한다. 다행히 소설에 나오는 꽃들은 주변에 흔한 꽃이 대부분이라 독자들도 이런저런 추억을 함께 공감할 수 있을 것이다.

이 책의 성패는 젊은 작가의 작품을 제대로 골랐느냐에 달려 있을 것 같다. 젊은 작가들의 소설을 최대한 많이 읽고, 가능하면 그들의 산문집과 관련 평론집도 읽으면서 젊은 작가들의 대표작과 화제작 위주로 실으려 했다. 이상문학상, 젊은작가상, 동인문학상, 황순원문학상, 김승옥문학상 등 국내 문학상을 받은 작품을 먼저 읽은 뒤 관련 기사와 평론을 읽으면서 소설을 선별했다. 2021년 KBS와 한국문학평론가협회가 공동 선정한 '우리 시대의 소설 50' 등도 좋은 참고자료였다. 그렇게 해서 소설 스물다섯 편을 선정해 『꽃을 사랑한 젊은 작가들』로 엮었다.

정리하고 나니 아쉬운 점이 있다. 꽃이 주요 소재나 상징으로 나오는 작품 중에서 고르다 보니 젊은 작가를 논할 때 꼭 들어가야 할 작가 몇 명이 빠졌다. 장강명·조남주·손보미 등이 대표적이다. 장강명의 경우 『한국이 싫어서』 등의 소설을 읽다가 꽃이 나오는 부분을 찾지 못해 결례를 무릅쓰고 작가에게 연락까지 해보았지만 꽃을 소재로 한 장면을 끝내 찾을 수 없었다. 조남주의 『82년생 김지영』도 꼭 넣고 싶었지만 마땅한 꽃을 찾을 수 없었고, 손보미도 「사랑의 꿈」 등 근래 문학상을 받은 작품 위주로 읽어보았지만 꽃병에 꽂힌 수국과 백합이 나오는 정도였지 인상적인 꽃이나 나무가 나오지 않았다.

한강이 노벨문학상을 수상한 이후 한강의 소설은 물론 한국 소설에도 관심이 쏠리고 있다. 그런데 오랫동안 책에 관심을 갖지 않아 어떤 작가의 어떤 소설부터 읽어야 할지 모르겠다는 사람들이 적지 않다. 『꽃을 사랑한 젊은 작가들』은 이런 독자들에게 도움을 줄 수 있을 것 같아 부족하지만 자료를 분석해 힘껏 써보았다. 솔직히 꽃을 주요 소재로 쓴 소설을 읽는 것이 무슨 의미가 있을까 싶을 때도 있었지만 그때마다 이런 책을 기다리는 사람들이 적지 않을 것이라 믿고 힘을 냈다.

이 책을 준비하면서 젊은이들, 2030세대, MZ세대와 호흡을 같이하는 느낌이 들어 좋았다. 소설을 읽고 글을 쓰면서 MZ세대까지는 아니더라도, 젊은 사람들이 이런 생각을 하면서 살고 있구나 하는 것을 느낄 때가 많았다. 그런 느낌들을 가능한 한 많이 이 책에 담으려 했다.

이 책을 쓰면서 또 하나 느낀 것은 젊은 작가들의 꽃에 대한 관심도 시대에 따라 변한다는 것이다. 전에 소설을 읽다가 마주한 꽃들은 팬지 등 화단 꽃과 야생화 위주였다. 그런데 이번에 젊은 작가들의 작품을 읽다 보니 그 중심이 고무나무 같은 실내식물, 리시안셔스 같은 절화, 반얀트리 같은 해외 식물로 넘어간 것을 알 수 있었다.

젊은 사람들은 스스로가 꽃이라 그런지 꽃에 관심이 많지 않다. 이건 젊은 작가들도 마찬가지인 것 같다. 그래서 젊은 작가의 소설에서 주요 소재나 상징으로 꽃이 등장하면 무척 반가웠다. 한편 김금희·이유리 등 상당수 젊은 작가가 '식집사'를 자처하며 식물에 큰 관심을 갖는 것은 고무적인 일이었다. 앞으로 젊은 작가의 소설에서 꽃이 주요 상징이나 소재로 많이 나올 것 같은 느낌을 받았다.

이 작업을 하면서 좀 벅찬 일을 시작한 것 아닌가 후회한 적도 없지 않았다. 그동안 꽃과 소설을 얽은 책을 몇

권 출간했지만 『문학 속에 핀 꽃들』은 그동안 읽은 고전과 명작 위주여서 작품 선별에 큰 어려움이 없었다. 『꽃으로 박완서를 읽다』와 『꽃으로 토지를 읽다』는 한 작가 또는 작품에 집중하는 일이라 이번 작업과는 달랐다.

힘들다고 느낄 때마다 레오나르도 브루니의 기도를 생각했다. 그는 르네상스기 한가운데에 살며 『피렌체 찬가』를 쓰면서 기도했다고 한다. "불멸의 신이시여! 제가 이야기하려는 이 도시, 피렌체에 필적할 만한 웅변력을 주십시오. 그것이 허락되지 않는다면, 적어도 이 도시를 찬양하는 데 필요한 열정과 희망만이라도 주십시오." '피렌체'를 '젊은 작가들'로 바꾸면 정말 내 심정과 똑같았다.

이 책이 많은 사람에게 선택받아 우리나라 젊은 작가들의 작품을 이해하는 데, 소설에 나오는 주변 꽃들을 시작으로 야생화에 대한 관심을 갖게 하는 데, 점점 줄고 있는 독서 인구를 다시 조금이라도 늘리는 데 도움을 준다면 그보다 기쁜 일은 없을 것이다.

2025년 3월
김민철 드림

시대에 따라 꽃에 대한 관심도 변한다 5
프롤로그

여성의 목소리를 담은 꽃들

진달래에 여성 연대를 담다 17
최은영, 『밝은 밤』

당신의 인생꽃은? 29
정세랑, 『시선으로부터,』

반얀트리에 담긴 사진신부들의 용기와 자매애 43
이금이, 『알로하, 나의 엄마들』

새별오름과 올림픽공원의 나 홀로 나무 53
김금희, 『복자에게』

야생화 찍는 남자와 라일락 같은 남자 65
양귀자, 『모순』

떠난 사람들의 꽃들

금실이가 연명한 들풀의 정체   79
김숨, 『떠도는 땅』

시인 백석이 사랑한 꽃, 수선화   89
김연수, 『일곱 해의 마지막』

빨치산 출신 아버지가 꺾어온 붉은 맹감 열매   99
정지아, 『아버지의 해방일지』

탈북자 로기완을 지켜본 벨기에 전나무   109
조해진, 『로기완을 만났다』

교살자 무화과나무의 이중성   121
백수린, 「여름의 빌라」

삶을 위로하는 꽃들

사베트 튤립에 담긴 파티 분위기   135
김애란, 「홈 파티」

윤대녕의 아몬드, 손원평의 아몬드   147
손원평, 『아몬드』

반려식물 해피트리   159
김지연, 「마음에 없는 소리」

꽈배기처럼 뒤틀렸지만 잎은 풍성한 나무   171
김멜라, 「나뭇잎이 마르고」

꽃양배추처럼 오즘도 있고 그때도 있었던   181
박상영, 『대도시의 사랑법』

| 함 께 | 살 아 가 는 | 사 람 들 의 | 꽃 들 |

사람들 북적이는 곳마다 피는 목련 193
김기태, 『두 사람의 인터내셔널』

뇌종양 판정받고 알게 된 리시안셔스 205
서유미, 「토요일 아침의 로건」

킥보드 할머니가 떠올린 달맞이꽃의 추억 215
윤성희, 「어느 밤」

생전 장례식 치른 할머니의 도라지꽃 227
홍민정, 『모두 웃는 장례식』

잡초의 작가가 쓴 개망초 노래 239
천명관, 『고래』

성불사 팽나무 그늘 아래 251
구효서, 「풍경소리」

SF · 장르 소설에 담긴 꽃들

주인공 이름이 왜 릴리와 데이지일까   263
김초엽, 『우리가 빛의 속도로 갈 수 없다면』

술 대신 옥수수수염차   273
김호연, 『불편한 편의점』

메리골드 꽃말로 쓴 힐링 소설   283
윤정은, 『메리골드 마음 세탁소』

어느 날 오른손이 브로콜리로 변한 남자   295
이유리, 「브로콜리 펀치」

꽃 이름 찾아보기   307

여성의 목소리를 담은 꽃들

진달래에 여성 연대를 담다
최은영, 『밝은 밤』

　최은영의 『밝은 밤』은 증조모·할머니·어머니·딸 등 4대에 걸친 여자들의 이야기다. 작가의 첫 장편인 이 소설은 서른두 살 주인공 지연이 서울 생활을 정리하고 동해안 소도시로 떠나는 것으로 시작한다. 남편의 외도로 이혼하고 한 달이 지났을 무렵, 희령 천문대의 연구원 채용공고를 보고 이주를 결심한 것이다.

　지연이 사는 아파트에는 우연히도 20년 넘게 만나지 못한 외할머니가 살고 있었다. 이를 계기로 지연은 할머니를 통해 1930년대 증조할머니의 삶에서 시작해 할머니와 어머니의 이야기를 듣는다. 증조모는 위안부로 끌려갈 뻔했고, 할머니는 전남편이 중혼이라는 걸 모르고 결혼했나가 버림받았고, 어머니는 그런 할머니와 외도적으로 거리를 두고 살았다. 작가는 4대가 여성이기 때문에 겪어야 했던 아픔들을 매끄러운 문장으로 담아냈다.

이 소설에서 뭉클한 장면들은 대부분 여성들의 깊은 우정 또는 자매애와 관련이 있다. 증조모 삼천과 새비 아주머니, 할머니와 희자, 엄마와 명희 아줌마, 그리고 지연과 친구 지우가 보여주는 정서적 연대가 그런 장면들이다. 그중에서도 백정의 딸로 태어나 멸시받던 증조모 삼천이 새비 아주머니를 만나 자매애를 나누는 모습이 가장 인상적이다. 소설가 오정희는 "삼천과 새비의 관계가 소설의 원줄기, 동력"이라고 평했다. 이 둘의 자매애를 상징하는 것이 진달래꽃이다. 다음은 개성에서 이웃해 살다가 시댁으로 떠난 새비가 1950년 3월 증조모 삼천에게 보낸 편지에 나오는 대목이다.

> 삼천아, 새비에는 지금 진달래가 한창이야. 개성도 그렇니. 너랑 같이 꽃을 뽑아다가 꿀을 먹던 게 생각나. 그걸 따다가 전을 부쳐 먹던 것두, 같이 쑥을 캐다가 떡을 만들어 먹던 것도. 인제 나는 꽃을 봐도 풀을 봐도 네 생각을 하는 사람이 됐어. 별을 봐도 달을 봐도 그걸 올려다보던 삼천이 네 얼굴이 떠올라. (『밝은 밤』, 문학동네, 120쪽)

진달래는 3~4월 잎이 나기 전에 꽃이 먼저 핀다. 꽃잎이 다섯 갈래로 벌어져 있지만 아래는 붙어 있는 통꽃이다. 먹을 수 있다고 참꽃이라 불렀다.

꽃에 관심 갖는 젊은 작가 늘었으면

지연은 부모에게도 이해받지 못해 상처받았지만 외할머니의 담담한 위로를 통해 어느새 회복의 길로 접어든다. 이를 보여주는 것이 개망초꽃이다. 다음은 지연이 할머니와 희령 옛 집터를 가보는 장면이다.

"할머니 집은 어디 있어요? 분명 이 근천데…"
내 말에 할머니가 길 건너편 공터를 가리켰다. 길쭉한 개망초꽃이 빽빽하게 피어 있고 벽돌 조각이 바닥에 드문드

개망초는 여름부터 가을까지 휴경지와 공터에서 흔하게 볼 수 있는 꽃이다.

문 흩어져 있었다. 공터 뒤로는 바다가 보였다. (…) 할머니가 개망초꽃을 손등으로 툭툭 쳤다. 지금 너도 남 몰래 울고 있다는 걸 알고 있어. 할머니의 말이 내게 꼭 그렇게 들렸다. 끝나는 것들만 생각하지 마. (『밝은 밤』, 문학동네, 167~168쪽)

지연은 나중에 반려견 귀리가 죽자 이 집터에서 개망초꽃을 한 다발 꺾어 반려견 묻은 자리에 올려놓는다.

이 소설에 등장하는 남자들은 가부장적이고 무책임하

다. 지연의 증조부는 위안부로 끌려가기 직전인 백정의 딸을 구해 아내로 맞았지만 백정에 대한 차별의식을 갖고 있었다. 그는 중혼임을 알고도 딸을 결혼시켰고 나중에 딸이 버림받는데도 딸을 탓한다. 할머니의 전남편은 북에서 결혼한 아내를 만나자 미안하다는 말도 없이 할머니를 버린다. 지연의 남편은 바람을 피우고도 오히려 아내 탓을 한다. 새비의 남편만 이 소설에 나오는 다른 남자들과 닮지 않았지만 히로시마 원폭 피해 후유증으로 일찍 죽는다.

1984년생 젊은 작가의 소설에 진달래와 개망초 등 꽃이 나오니 참 반갑다. 앞으로 의도적으로라도 꽃에 관심을 갖는 젊은 작가들이 늘어났으면 좋겠다.

진달래꽃은 철쭉·산철쭉·영산홍과 비슷하게 생겼지만 3~4월에 잎보다 꽃이 먼저 피기 때문에 나머지 철쭉류와 쉽게 구분할 수 있다. 또 진달래는 꽃잎이 매우 얇고, 가지 끝에서 3~6개의 꽃송이가 모여 서로 다른 방향을 향해 피는 것을 볼 수 있다. 잎은 긴 타원형이다. 진달래는 소설에 나오는 것처럼 먹을 것이 없던 시절 꽃잎을 따 허기를 채우던 꽃이기도 하다. 진달래는 먹을 수 있어 참꽃, 철쭉은 독성 때문에 먹을 수 없다고 개꽃이라 불렀다.

철쭉은 꽃이 연분홍색이고 잎이 둥글다. 꽃이 흰색에 가까울 정도로 연한 분홍색이라 '연달래', 먹을 수 없다고 '개꽃'이라고도 불렀다.

철쭉은 5~6월 산에서 연한 분홍색으로 피는 꽃이다. 진달래와 산철쭉은 작은 나무지만 철쭉은 키가 2~5미터 정도로 비교적 큰 편이다. 꽃이 흰색에 가까울 정도로 연한 분홍색이라 '연달래'라고도 부른다. 철쭉은 아주 싱그러운 향기도 품고 있다. 둥근 잎이 다섯 장씩 돌려나는데 주름진 것이 특징이다.

4~5월 산길을 걷다보면 냇가를 따라 진한 분홍색 꽃이 핀 산철쭉을 볼 수 있다. 산철쭉은 철쭉보다 분홍색이 진하고, 잎 모양은 진달래와 비슷한 긴 타원형이다. 산철쭉

산철쭉은 꽃이 진분홍색이고 잎이 긴 타원형이다. 계곡 등 물가에 많이 피어 '수달래'라고도 부른다.

은 계곡 등 물가에 많이 피어 '수달래'라는 이름도 갖고 있다.

  4~5월 도시 공원이나 화단에서는 산철쭉과 비슷하지만 꽃이 작고 색깔은 더 화려한 꽃들을 볼 수 있는데, 대부분 원예종 영산홍이다. 영산홍은 색깔에 따라 연산홍, 자산홍, 백철쭉 등으로 푯말을 달아놓은 경우도 있는데, 국가표준식물목록에 따르면 모두 영산홍으로 부르는 것이 맞다. 잎이 작고 좁으며 겨울에도 잎이 떨어지지 않는 반상록이 많다. 영산홍 중에는 산철쭉과 비슷하게 생긴

영산홍은 산철쭉 등을 개량한 원예종을 총칭하는 이름이다. 공원이나 화단에서 산철쭉 비슷하면서 화려한 색깔을 뽐내는 원예종은 거의 다 영산홍이다.

품종도 있어서 전문가들도 둘을 쉽게 분간하지 못한다.

정리하면, 산에서 잎 없이 꽃만 피었으면 진달래, 잎과 꽃이 함께 있으면 철쭉이나 산철쭉이다. 꽃이 연분홍색이고 잎이 둥글면 철쭉, 꽃이 진분홍색이고 잎이 긴 타원형이면 산철쭉으로 보면 틀리지 않을 것이다. 여기에 공원이나 화단에서 작은 꽃이 화려한 색깔을 뽐내고 있으면 영산홍이라고 할 수 있다. 피는 시기는 진달래는 3~4월로 가장 빠르고, 산철쭉이 4~5월, 철쭉은 가장 늦은 5~6월이고 영산홍은 4월부터 5월까지 피는 것을 볼 수 있다.

분꽃에 담은 한·일 청춘의 심경

최은영 작가의 데뷔작 「쇼코의 미소」에서는 분꽃이 인상적으로 나온다. 소설은 소유와 쇼코라는 한국과 일본의 두 여고생이 편지를 주고받으며 어른으로 성장해가는 이야기다. 두 여성은 여고 시절 학교가 자매결연을 한 인연으로 만나 대학·취업 시기까지 삶의 굴곡과 고민을 나눈다. 할아버지와 같이 사는 공통점도 있다. 이 소설에서 긴장이 최고조에 이르는 곳은 소유가 일본으로 찾아가 우울증에 걸린 쇼코를 만나는 장면이다. 이 대목에 분꽃이 나온다.

> 그곳에는 분꽃을 심어놓은 작은 마당과 반질반질한 나무 마루가 있었다. 쇼코는 퓨즈가 나간 것 같았다. (…)
> 쇼코는 두 손으로 마루를 짚고 내 옆으로 다가왔다. 나는 쇼코를 쳐다보지 않고 마당에 핀 분꽃에만 시선을 줬다. (…)
> 나는 쇼코의 말에 놀라서 노인의 얼굴을 쳐다봤다. 노인은 눈에 도는 눈물을 감추려는 듯 고개를 돌려 분꽃을 보는 척했다. (『쇼코의 미소』, 문학동네, 23~29쪽)

분꽃은 한여름 오후 4~5시쯤 피는 꽃이다. 붉은색, 노란색, 분홍색, 흰색 등 다양한 색으로 핀다.

이 소설에 분꽃이 여러 번 나오는 것으로 보아 작가가 의도적으로 배치한 것 같다. 시든 분꽃이 꿈을 내려놓고 현실적인 선택을 해야 하는 두 청춘의 심경을 보여주는 것은 아닌지 생각해보았다.

담담한 필체로 쓴 소설의 이야기가 감동적이었다. 특별한 사건이 일어나지 않는데도 다음 일이 궁금해 한 번에 다 읽을 수밖에 없었다. 이 소설의 바탕에 깔린 청년실업과 고령사회라는 주제에도 관심이 갔다.

분꽃은 6월부터 피기 시작해 9월까지 한여름 내내 볼

수 있는 꽃이다. 분粉꽃이라는 이름은 화장품을 구하기 어려운 시절 여인들이 씨 안에 있는 하얀 가루를 얼굴에 바르는 분처럼 썼다고 해서 붙인 이름이다. 분꽃의 색깔은 붉은색, 노란색, 분홍색, 흰색 등 다양하다.

분꽃은 재미있는 점이 참 많은 꽃이다. 소설에서 낮에 마당에 분꽃이 피어 있었다면 해 질 녘임이 분명하다. 왜냐하면 분꽃은 해가 뜨면 꽃잎을 오므렸다가 오후 4~5시쯤부터 다시 피기 때문이다. 그래서 영어 이름이 '네시꽃'Four o'clock flower이다. 시계가 없던 옛날에 우리 어머니들은 이 꽃이 피는 것을 보고 저녁밥을 준비하기 시작했다고 한다. 아침에 피었다가 해가 뜨면 지는 나팔꽃과 정반대다.

최은영은 2013년에 등단했으니 벌써 데뷔 10년이 넘은 작가다. 여기에서는 첫 번째 소설집의 표제작「쇼코의 미소」와 장편『밝은 밤』을 소개했지만 두 번째 소설집『내게 무해한 사람』, 세 번째 소설집『아주 희미한 빛으로도』에 나오는 소설들도 참 좋다.「씬짜오, 씬짜오」,「아치디에서」처럼 외국을 배경으로 우리 문제를 다시 한번 돌아보게 하는 소설들도 재미있었다.

당신의 인생꽃은?
정세랑, 『시선으로부터,』

정세랑의 소설 『시선으로부터,』는 2020년 연말 여러 언론사에서 '올해의 책'으로 선정됐다. 가상의 미술평론가이자 작가인 심시선이 두 번의 결혼으로 이룬 가계 구성원들이 그녀가 죽고 10년 후 하와이에 모여 단 한 번의 제사를 지내는 내용이다.

가족들이 하와이 숙소에 모였을 때 큰딸 명혜가 한 말을 보면 소설 전체의 윤곽을 잡을 수 있다.

"기일 저녁 여덟 시에 제사를 지낼 겁니다. 십 주기니까 딱 한 번만 지낼 건데, 고리타분하게 제사상을 차리거나 하진 않을 거고요. 각자 그때까지 하와이를 여행하며 기뻤던 순간, 이걸 보기 위해 살아 있었구나 싶게 인상 깊었던 순간을 수집해 오기로 하는 거예요. 그 순간을 상징하

는 물건도 좋고, 물건이 아니라 경험 그 자체를 공유해도 좋고."(『시선으로부터』, 문학동네, 83쪽)

이 말처럼 가족들은 하와이를 여행하면서 심시선과 얽힌 에피소드를 회상하고 무엇을 제사상에 올릴지 생각한다. 이를 통해 하와이에 오기까지 자신이 어떻게 살아왔고 무엇을 고민했는지 등이 각자의 시선으로 드러난다. 여성의 시선으로 여성들의 느낌과 심리, 아직도 남아 있는 가부장제에 대한 불편함과 거부감을 잘 묘사했다고 느꼈다.

심시선은 실존 인물이 아니다. 정세랑은 「작가의 말」에서 이 소설이 '20세기를 살아낸 여자들에게 바치는 21세기의 사랑'이라고 했다. 이 작품을 통해서 작가는 자신의 계보가 김동인이나 이상에게 있지 않고 김명순(신문학 최초의 여류문인)이나 나혜석(첫 여성화가이자 작가)에게 있음을 깨닫는 몇 년이었다며 "만약 혹독한 지난 세기를 누볐던 여성 예술가가 죽지 않고 끈질기게 살아남아 일가를 이뤘다면 어땠을지 상상해보고 싶었다"고 했다.

이 소설에 나오는 인상적인 꽃은 두 가지였다. 먼저 둘째 딸 명은은 오히아 레후아꽃을 제사상에 올렸다. 빅아일랜드 화산지대를 걷다가 한 식물학자에게 선물받은 꽃이다.

> 의식과 무의식의 경계쯤에 잠겨 걷다가 지난해 용암이 흘러내린 모양 그대로 굳은 들판에서 무언가를 채집하고 있는 사람을 만났다. (…)
> "뭘 채집하고 계신 거예요?"
> 명은 쪽에서도 관심을 보여야 할 것 같아 들여다보며 물었다.
> "오히아 레후아예요." (…)
> 유용한 충고에 감사를 표하며 꽃송이를 돌려주자 식물학자가 잠시 모자챙을 젖히고 명은을 보더니, 종이 사이에 그것을 조심스레 끼우고 구석에 라틴어 학명도 적어 다시 건넸다.
> "선물이에요." (『시선으로부터,』, 문학동네, 198~199쪽)

오히아 레후아와 플루메리아가 높인 소설의 풍미

오히아 레후아 Ohia Lehua가 어떤 꽃인지 궁금했다. 검색해보니 우리나라에는 없는 식물로, 우리나라 수목원 온실에서 볼 수 있는 병솔나무꽃과 비슷하게 생겼다. 꽃 모양이 병을 닦는 솔처럼 생겼다고 해서 붙인 이름이 병솔나무다. 오히아 레후아꽃은 나무와 꽃이 각각 다른 이름을 가진 것이 특이하다. 그러니까 오히아나무에서 피는 꽃이 레후아꽃이다. 이렇게 부르는 것은 다음과 같은 하와이 전설이 전해오기 때문이다.

불의 여신 펠레가 오히아라는 멋진 청년과 사랑에 빠졌다. 그러나 오히아는 이미 아름다운 여인 레후아와 연인 관계여서 펠레의 청혼을 거절했다. 화가 난 펠레는 오히아를 화산지대에서 자라는 회색빛 나무로 만들어버렸다. 레후아는 다른 신들을 찾아다니며 오히아를 되돌려달라고 호소하지만 다들 펠레에 대한 두려움 때문에 들어줄 수 없었다. 하지만 레후아의 간절한 마음을 불쌍히 여겨 둘이서 오래 함께하라며 레후아를 오히아나무에서 자라는 빨갛고 아름다운 꽃으로 만들어주었다.

이처럼 오히아 레후아는 이 소설의 배경인 하와이의 분위기를 물씬 풍기는 꽃이다. 또 이 나무는 환경에 따라 놀랍도록 다양한 형태를 보이는 것으로 유명하다. 예를

오히아나무(위)는 하와이에서 용암이 흘러내린 자리에 가장 먼저 뿌리를 내린다. 오히아나무에서 피는 꽃이 레후아꽃이다. 레후아꽃(아래)은 우리나라 수목원 온실에서도 볼 수 있는 병솔나무꽃과 비슷하게 생겼다.

들어 용암이 흘러내린 지 얼마 되지 않은 고도에서는 잎이 두껍고 작으며 바닥을 기며 자라는 관목 형태지만, 오래전 용암이 흘러내린 낮은 고도에서는 잎이 얇고 크며 30미터까지 크는 교목 형태로 자란다.

또 하나는 플루메리아로, 명혜·명은·경아 세 자매가 강습소에서 훌라춤을 배우고 나오는 장면에 등장한다.

> 자매가 강습소에서 걸어 나오는데 선생님이 불러 세웠다.
> "꽃을 줄게요."
> "아, 감사합니다."
> "치마와 어울릴 거예요."
> 문가의 나무에서 희고 향기가 좋은 꽃 세 송이를 따더니, 명혜 명은 경아 순으로 귀 뒤에 꽂아주었다. 나이를 잘 가늠하는 사람이구나 싶었다.
> "꽃 이름이 뭔가요?"
> "푸메리아." (『시선으로부터,』, 문학동네, 88쪽)

여기서 푸메리아는 하와이 등 열대·아열대 지방에서 흔히 볼 수 있는 꽃 플루메리아^{Plumeria}를 말한다. 플루메리아는 하와이어로 'pua melia'인데 실제 발음이 푸메리

플루메리아는 향기가 진하고 꽃잎이 다섯 개로 바람개비 모양이라 금방 알아볼 수 있다. 열대·아열대 지방에서 흔히 볼 수 있는 꽃이다.

아로 들린다는 것이 문학동네 출판사의 설명이다. 향기가 진하고 꽃잎 다섯 개가 바람개비 모양이라 쉽게 알아볼 수 있다. 소설에서도 "달콤하면서도 무겁지 않은 향기가 오래갔다"고 했다.

플루메리아는 부겐빌레아와 함께 열대·아열대 지방에 가면 어디서든 볼 수 있는 꽃이다. 하와이에서 환영 화환을 만드는 데 쓰여 '러브하와이'라고도 부른다. 플루메리아와 부겐빌레아를 봐야 드디어 여행지에 도착했다는 느낌이 들 정도다. 붉은색, 분홍색, 흰색, 노란색 등 다양한

부겐빌레아꽃은 대롱 모양으로 자주색 포에 싸여 있다. 덩굴성 식물이라 흔히 다른 나무나 울타리를 감고 올라가는 것을 볼 수 있다.

색깔의 꽃이 있다. 위작 논란이 있는 「미인도」 등 고故 천경자 화백의 여러 작품에서 볼 수 있는 꽃이기도 하다.

부겐빌레아Bougainvillea도 따뜻한 여행지에서 흔히 볼 수 있는 꽃이다. 덩굴성 식물이라 흔히 다른 나무나 울타리를 감고 올라가는 모습을 볼 수 있다. 흰색, 빨간색, 분홍색, 노란색 등 다양한 색이 있고, 대롱 모양의 꽃이 자주색 포苞에 싸여 있다. 꽃잎처럼 보이는 것은 포인데, 이게 종이처럼 생겨 '종이꽃'Paper flower이라고도 한다. 독특한 꽃 이름은 이 꽃을 발견한 프랑스 항해가 '드부갱빌'de

인도네시아 발리 울루와투 사원 절벽 쪽으로 핀 부겐빌레아.
우리나라 식물원 온실에서도 흔히 볼 수 있는 꽃이다.

Bougainville의 이름에서 유래했다.

 우리나라에서도 화분에 키우는 것을 가끔 볼 수 있고, 큰 수목원 온실에 가면 빠지지 않고 기른다. 필자가 본 부겐빌레아 중 가장 멋진 것은 발리 울루와투 사원에서 절벽 쪽으로 핀 부겐빌레아였다. 색도 화려한 데다 바다 절벽을 배경으로 화려하게 핀 모습이 오랫동안 머릿속에 남았다.

 레후아꽃은 화산 용암으로 굳은 척박한 땅에서 피어나는 꽃이라는 점에서, 1950년대 '사진신부'로 하와이에 첫

발을 내디뎌 일가를 이룬 심시선의 인생꽃으로 손색이 없지 않을까 생각해보았다. 또 플루메리아와 부겐빌레아 모두 하와이를 대표하는 꽃이라 주요 소재로 쓰인 것은 분명하다. 무엇보다 소설 속에 핀 꽃들이 작가 특유의 톡톡 튀는 문장과 잘 어우러지면서 소설의 풍미를 높인다.

장르문학과 순문학 오가며 경계 넓혀

작가 정세랑은 장르문학과 순문학을 오가며 그 경계를 넓히는 작가라는 평을 받고 있다. '문단의 아이돌', '가장 사랑받는', '밀레니얼 대표' 같은 수식어도 많다. '정세랑 월드'가 얼마나 공고한지는 그의 팬덤과 판매 부수가 증명하고 있다. 『보건교사 안은영』은 2020년 가을 베스트셀러 1위에 올랐고, 『시선으로부터,』 역시 10만 부 이상 판매되었다. 『지구에서 한아뿐』도 10쇄 이상을 찍었다.

정세랑 소설 속의 주인공들은 통통 튀고 쾌활한 성격이다. 『보건교사 안은영』에서 주인공은 너무 튀고 욕설도 서슴지 않아 약간 거부감이 들 정도다. 2020년 이 소설이 넷플릭스 드라마로 제작됐을 때 예고편에 욕설 자막이 여과 없이 등장해 논란이 일었다.

정세랑은 최근 '설자은 시리즈'라는 역사·추리 소설을

하와이무궁화(왼쪽)는 하와이에서 많이 심고 하와이를 대표하는 꽃이라 붙은 이름이다. 속명인 '히비스커스'라고도 부른다.
협죽도(오른쪽)는 잎이 댓잎같이 생기고 꽃이 복사꽃 같아서 붙인 이름이다. 우리나라 제주도와 남부 지방에서도 볼 수 있다.

잇따라 출간하고 있다. 7세기 통일신라의 수도 금성을 배경으로 왕실에서 서기로 일하는 설자은이 미스터리한 사건을 해결해나가는 내용이다.

외국에 나가면 이국적인 느낌으로 가슴이 설렌다. 사람, 음식, 날씨와 함께 꽃도 적지 않은 영향을 미칠 것이다. 동남아나 홍콩, 괌·사이판, 하와이 등 아열대·열대 지방에 가면 꽃들이 대개 원색으로 화려한데, 어딜 가든 흔히 보이는 꽃들은 비슷비슷하다. 플루메리아와 부겐빌레아 외에 흔히 볼 수 있는 꽃을 몇 가지 더 소개하겠다.

먼저 하와이무궁화는 하와이에서 많이 심고, 하와이를 대표하는 꽃이라 붙은 이름이다. 속명屬名을 따라 '히비스커스'Hibiscus라고도 부른다. 우리 무궁화도 속명은 히비스커스인데, 꽃술대가 길게 나오면서 수술이 달리고, 그 꽃술대에서 암술대가 뚫고 나오는 형태는 비슷하다. 요즘은 여름에 우리나라 꽃 행사장에서도 가끔 볼 수 있다.

협죽도夾竹桃는 우리나라 제주도와 남부 지방에서도 자란다. 댓잎같이 생긴 잎, 복사꽃 같은 붉은 꽃을 가졌다고 붙은 이름으로 유도화柳桃花라고도 부른다. 비교적 아무 데서나 잘 자라고 공해에도 강해 베트남 등 남쪽 나라로 가면 가로수로 길게 심어놓은 것을 볼 수 있다. 성석제의 단편소설 중 「협죽도 그늘 아래」는 결혼하자마자 6·25 전쟁이 나서 학병으로 입대한 남편을 기다리는 70세 할머니 이야기다. "한 여자가 앉아 있다. 가시리로 가는 길목, 협죽도 그늘 아래"라는 문장이 열 번 이상 나오는 애잔한 이야기다.

알라만다Allamanda도 열대 지방에서 흔히 볼 수 있는 대표적인 관상수 중 하나다. 깔때기 모양의 노란 꽃이 끝부분이 다섯 갈래로 갈라져 활짝 핀다. 향기도 좋다.

알라만다(왼쪽)는 깔때기 모양의 노란 꽃이 다섯 갈래로 나뉘어 활짝 핀다.
익소라(오른쪽)는 가는 꽃통이 길게 나온 꽃들이 다발처럼 모여 있는 형태다.
란타나(아래)는 시간이 지남에 따라 꽃 색깔이 변하며
열대 지방에서 관상수로 흔히 심고 우리나라에서도 화분에 심어 기른다.

익소라Ixora는 가는 꽃통이 길게 나와 끝에서 네 갈래로 갈라져 있는 꽃들이 다발처럼 모여 있는 형태다. 붉은색, 분홍색, 노란색, 흰색 등 다양한 색이 있다. 우리나라에서도 실내식물로 키우는 것을 어렵지 않게 볼 수 있다. 열대 지방에서는 화단 가장자리에 울타리로 심어놓은 것을 볼 수 있다.

란타나Lantana도 열대 지방에서 관상수로 흔히 심고, 우리나라에서도 화분에 심어 기른다. 꽃이 둥글게 모여 피는데, 시간이 지남에 따라 꽃 색깔이 계속 변하기 때문에 '칠변화'七變花라고도 부른다.

반얀트리에 담긴 사진신부들의 용기와 자매애
이금이, 『알로하, 나의 엄마들』

아이들이 초등학교에 다닐 때 거실에 놓여 있는 이금이의 장편동화 『너도 하늘말나리야』를 읽은 적이 있다. 꽃이 많이 등장해 서정적이면서도 아이들의 심리를 세밀하게 그려내 잔잔한 울림을 주는 동화였다. 쉽고 적확한 어휘를 사용한 간결한 문장도 좋았다. 그 작가가 장편소설 『알로하, 나의 엄마들』을 출간했다는 소식을 듣고 믿고 읽었다.

이 소설은 100여 년 전 하와이 사탕수수밭 노동자들과 사진결혼을 했던 '사진신부'들 이야기다. 1903~1905년 한인 7,200여 명이 하와이 사탕수수 농장에서 일하기 위해 이민을 갔다. 대다수가 독신 남자였던 이들은 가정을 꾸리기 위해 사진결혼을 택했다. 조국으로 자기 사진을 보내 배우자를 구한 것이다. 이금이는 「작가의 말」에서

"가족 부양을 위해, 일본에게 지배받는 게 싫어서, 가난의 굴레를 벗어나고 싶어서, 여자도 공부할 수 있다고 해서 모험을 택한 사진신부는 1,000명이었다"고 했다.

소설의 주인공은 사진 한 장에 운명을 걸고 낯선 땅으로 떠난 경상도 김해 출신 열여덟 살 버들이다. 버들의 남편은 중매쟁이가 말한 지주가 아니었고, 같은 처지인 홍주와 송화의 남편은 사진보다 스무 살은 더 늙어 보였다. 그러나 이들은 깨진 꿈을 슬퍼하고 한탄할 겨를도 없이 주어진 삶을 살아내야만 했다. 사탕수수밭 농장에서 시작한 이들은 세탁, 바느질, 가정부 등을 거쳐 자립하고 자식들을 키운다.

여성들은 험난한 이민 생활을 연대와 믿음으로 극복하며 앞으로 나아갔다. 그런데 하와이 이민사회는 이승만파와 박용만파로 나뉘어 반목하는 경우도 있었다. 버들의 남편은 박용만파인데 가족들도 이승만파에게 따돌림을 당한다. 이즈음 버들이 뿌리 내린 가지들이 서로 기대듯 어울려 사는 삶을 그리워하는 장면에서 반얀트리가 나온다. 반얀트리는 하와이에 흔한, 한 그루에서 많은 가지가 땅으로 내려와 뿌리를 내리며 작은 숲을 이루는 나무다.

하와이에서 만난 반얀트리. 반얀트리는 가지에서 뿌리가 내려와 작은 숲을 이룬다. 하와이와 동남아 등에서 어렵지 않게 볼 수 있다.

여왕의 눈물인 듯 갑자기 스콜이 쏟아졌다. (…) 정호를 업은 버들은 뻗어 내린 가지들로 작은 숲을 이룬 반얀트리 아래로 들어섰다. 무성한 잎이 우산처럼 펼쳐져 굵은 빗줄기는 피할 수 있었다. 비 맞은 나무는 싱그러운 기운을 뿜어냈다. 버들은 뿌리 내린 가지들이 서로 기대듯 옹기종기 붙어 있는 나무가 부러웠다. (『알로하, 나의 엄마들』, 창비, 258쪽)

이 장면뿐 아니라 "버들도 그곳(한인들이 모여 사는 와히아와)으로 가고 싶었다. 서로에게 기댄 채 어우러져 자라는 반얀트리의 가지처럼 좋아하는 사람들과 모여 살고 싶었다", "홍주는 반얀트리 가지처럼 사람들과 어울려 살고 있었다. 버들이 그리워하던 삶이었다" 같은 문장에서도 반얀트리가 서로 의지하며 어울려 사는 삶의 상징으로 등장한다. 요즘 용어로 하면 '워맨스'womance, 자매애를 반얀트리에 담은 것이다.

반얀트리는 열대 지방 정자나무

반얀트리Banyan tree는 호텔 이름으로 익숙하지만 인도가 원산지인 뽕나무과 나무로, 높이가 30미터 정도까지 자라는 거대한 나무다. 이 나무의 가장 큰 특징은 한 그루에서 끊임없이 가지가 퍼질 뿐만 아니라 한 가지에서 여러 개의 뿌리가 내려와 굵어진다는 것이다. 이렇게 해서 나무 한 그루가 여러 그루가 뭉쳐 자라는 것처럼 작은 숲을 이룬다. 하와이나 동남아 등 열대·아열대 지방에 가면 어렵지 않게 볼 수 있다. 앙코르와트 유적을 뿌리로 감싸고 있는 거대한 열대 나무 종류를 교살자 무화과나무라고 부르는데, 반얀트리도 그런 종류의 나무 중 하나다.

우리나라에도 반얀트리 같은 나무가 많이 있다. 그러나 큰 나무로 자란 모습은 볼 수 없다. 실내식물로 키우는 벵갈고무나무*Ficus benghalensis*가 반얀트리와 같은 나무다. 동남아에서 반얀트리 가지를 잘라서 가져와 관엽식물로 만들어 키우는 것이 벵갈고무나무다. 이 실내 관엽식물이 생육 조건이 맞으면 하와이나 동남아에 있는 거대한 반얀트리로 자랄 수 있다는 것이다. 반얀트리라는 이름은 유럽인들이 이 나무의 그늘에 인도의 상인bania들이 자주 있는 것을 보고 붙였다고 한다. 우리나라 동네 어귀에 큰 느티나무가 있듯이 인도에서는 거대한 반얀트리가 동네 정자나무 역할을 하는 것이다.

무화과나무속*Ficus* 나무들은 가지에서 뿌리가 내려오는

실내식물로 키우는 벵갈고무나무(왼쪽)는 생육 조건이 좋으면 거대한 반얀트리로 자란다. 오른쪽은 금강수목원 온실에 있는 인도보리수다. 그 아래에서 부처님이 성불했다는 나무로, 우리나라에서는 월동하지 못해 주요 수목원 온실에서나 볼 수 있다.

경우가 많은데, 부처님이 그 아래에서 성불했다는 인도보리수 *Ficus religiosa* 도 그런 종류의 나무 중 하나다. 주로 타이완과 중국 남부에서 볼 수 있는 대만고무나무 *Ficus retusa* 는 차이니스 반얀이라고 부른다.

이금이 작가는 한인 미주 이민 100년사를 다룬 책을 보다가 사진 한 장에 눈길이 머물렀다고 했다. 흰 무명 치마저고리를 입은 세 여성이 각기 양산과 꽃, 부채를 든 채

앉아 있거나 서 있는 모습이었다. 작가는 "앳돼 보이는 그들은 한 마을에서 함께 떠난 사진신부들이라고 했다. 그 사진을 본 것이 2007년인데 그 사진을 보자 '이야기가 확 들어와' 마음 한구석에 놔두고 있다가 2020년 소설로 완성했다"는 것이다.

제목에 나오는 '알로하'Aloha는 하와이에서 나누는 인사말로, 배려·조화·기쁨·겸손·인내를 뜻하는 하와이어의 첫 글자를 따서 만든 말이다.

『알로하, 나의 엄마들』은 이금이의 소설답게 한번 읽기 시작하면 책을 놓을 수 없는, 몰입감이 대단한 소설이다. 작가는 한 인터뷰에서 "이 소설이 우리만의 이야기를 뛰어넘어 우리 곁에 있는 이주노동자, 결혼 이주민 여성들의 삶도 돌아보는 계기가 되었으면 한다"고 말했다. 그러면서 "우리나라에 살고 있는 결혼 이주민 여성들과 연관된 안 좋은 소식을 들을 때마다 100여 년 전 사진신부들을 보는 것 같아 마음이 아프다"고 했다.

자녀 성장과 함께 영역 확대한 40년 작가

필자는 이금이 작가의 글을 두 번 다룬 적이 있다. 『너도 하늘말나리야』(1999)와 『유진과 유진』(2004)이다. 『너도 하늘말나리야』는 미르·소희·바우 세 아이가 성장 과정에서 아픔을 느끼고 이를 극복해가는 과정을 그린 성장소설이다. 하늘말나리를 비롯해 엉겅퀴·괭이밥 등 우리 야생화가 많이 나오는 소설이다. 『유진과 유진』은 아동 성폭력 문제를 다룬 성장소설인데, 여중생 주인공들이 등나무 벤치 아래에서 얘기를 주고받는 장면이 여러 번 나온다.

1962년생 이금이 작가는 단편동화 「영구랑 흑구랑」(1984)으로 데뷔했으니 작가 생활 40년 차인 작가다. 『너도 하늘말나리야』와 『유진과 유진』은 초기 대표작으로 꼽히는 작품인데 『너도 하늘말나리야』는 교과서에 수록되었고 『유진과 유진』, 『알로하, 나의 엄마들』은 국내 창작 뮤지컬로 만들어졌다.

이금이 작가는 2024년 '아동문학 노벨상'으로 불리는 안데르센상의 글 작가 부문 최종 후보에 올랐다. 안데르센상은 덴마크 동화작가 안데르센을 기려 1956년에 제정된 세계에서 가장 권위 있는 아동문학상이다. 이금이 작가는 최종적으로 안데르센상을 받지 못했지만 여러 인터뷰에서 "사실 저는 글을 통해 얻을 수 있는 기쁨이나 보람은 쓰면서 이미 누렸기 때문에 솔직히 수상 여부가 저

한테는 크게 중요하지는 않았다"고 말했다.

그의 소설은 여러 언어로 번역되기도 했다.『알로하, 나의 엄마들』은 미국·러시아·독일·영국·호주·일본에서 출간됐고『유진과 유진』은 일본·베트남·타이완에서 출간되었다. 일제강점기 극과 극으로 신분이 달랐던 두 여성의 이야기『거기, 내가 가면 안 돼요?』는 미국·영국·일본에서 책으로 나왔다.

이런 점이 아니더라도 이금이는 이미 우리 아동청소년 문학에서 빼놓을 수 없는 인물이다. 인터뷰나 강연 자리에 나가면 '작가님 책을 읽으며 컸다'는 인사가 이어진다고 한다. 작가는 "독자들이 성장하는 걸 지켜볼 수 있다는 건 아동청소년 문학을 하는 사람들의 특권인 것 같다"고 말했다.

작가는 지금까지 50여 권의 책을 출간했는데 청소년소설이 15권, 나머지는 대부분 동화책이고, 역사소설도 있다. 작가의 아이들이 커감에 따라 동화, 청소년소설, 성인 역사소설로 영역을 확장해나간 것도 재미있는 현상이다.

새별오름과 올림픽공원의 나 홀로 나무
김금희, 『복자에게』

김금희 장편소설 『복자에게』는 제주의 한 의료원에서 다수의 여성이 유산을 겪으며 생긴 의료 소송을 축으로 한다. 제목에 나오는 복자는 주인공이 10대 초반 제주도에 살 때 사귄 친구이자 의료원 소송의 당사자이기도 하다.

열세 살 '이영초롱'은 IMF 외환위기 때 부모의 사업 실패로 제주의 고모에게 맡겨졌다. 제주 본섬에서도 배를 타고 들어가야 하는 '고고리섬', 봄의 청보리밭이 유명한 곳이었다. 이 작은 섬에서 영초롱은 동갑내기 복자를 만나 단짝으로 지낸다. 하지만 마을 어른들의 갈등에 휘말려 서로에게 상처를 남기고, 끝내 화해하지 못한 채 영초롱이 서울로 돌아가면서 서로 소식마저 끊긴다.

영초롱은 10여 년 후 판사로 제주에 부임한다. 영초롱이 제주로 발령난 이유는 법관 일에 회의를 느껴 에멘탈 치즈처럼 구멍 난 내면의 분노를 견디지 못해 법정에서 욕설을 했기 때문이다. 그렇게 다시 찾은 제주에서 어릴 때 친구 복자와 재회한다. 복자는 제주의 한 의료원에서 간호사로 일하다 아이를 유산하고 산재를 인정받기 위해 다른 간호사들과 함께 힘겨운 싸움을 벌이고 있었다. 중학 시절 영초롱을 좋아했던 고오세도 대기업 문화사업팀 대리로 제주도에서 일하고 있었다.

제주도가 배경인 만큼 귤꽃이 등장한다. 더구나 귤꽃의 색깔과 향기에 대해 자세히 묘사한다. 영초롱이 복자와 재회할 때 복자는 숯불에 부시리를 굽다가 다 익을 때까지 마당에 피어 있는 귤꽃을 보고 있으라고 한다.

"귤꽃?" 하고 흰둥이 쪽을 돌아보자 잎은 희고 수술은 노오란 귤꽃이 보였다.
"다음 주만 되어도 다 지는 꽃이야. 네가 운이 좋다."
가까이 다가가자 귤껍질을 벗기기 위해 처음 손가락을 과육 안으로 넣었을 때처럼 새콤한 내가 났다. (『복자에게』, 문학동네, 132쪽)

귤꽃은 꽃잎이 하얗고 수술은 노란색이다. 꽃향기가 진해서 4월 말에서 5월 초까지 제주도는 귤꽃 향기로 가득하다.

 귤꽃 냄새를 '귤껍질을 벗기기 위해 처음 손가락을 과육 안으로 넣었을 때' 나는 냄새라고 표현했다. 이 문장을 읽으니 사과꽃 향기에 대한 추억이 생각났다. 몇 년 전 은희경의 장편 『새의 선물』에 나오는 사과꽃 얘기를 쓸 때 사과꽃 향기를 어떻게 묘사해야 할지 참 난감했다. '맑고 시큼하다'는 것 말고는 마땅한 표현이 떠오르지 않았기 때문이다. 그러다 기대도 하지 않고 찾아간 사과 농장에서 무릎을 칠 만한 표현을 들을 수 있었다. 우리에게 팔 사과를 담는 주인 아주머니에게 사과꽃은 어떤 향기가 나느냐고 물었더니 곧바로 "잘 익은 사과 상자를 처음 개봉할 때 나는 향기 있죠? 그 향기와 똑같아요"라고 말해준 것이다. 내가 찾던 표현이었다. 필자는 지금까지도 이 표현 이상으로 사과꽃 향기를 잘 묘사한 말이나 글을 접하지 못했다.

'자의냐, 타의냐' 사임 앞둔 판사의 갈등

두 사람은 우정을 회복하는 듯하지만 영초롱이 의료원 소송 사건의 배심판사를 맡으면서 새로운 갈등이 생긴다. 병원 쪽에서 영초롱이 복자의 친구인 점을 문제 삼아 오히려 재판 진행을 늦추자 복자는 재판 회피 신청을 해달라고 부탁한다. 영초롱은 복자가 자신의 직분을 침해하는, '일종의 선'을 넘었다고 느낀다.

두 사람의 갈등이 최고조에 이를 때 '나 홀로 나무'가 나온다. 다음은 영초롱과 복자가 새별오름에 오르는 장면이다.

우리는 오랜만이네, 인사하고는 말없이 오름에 올랐다. (…)
"영초롱아, 저기 나무 보이니? 저게 새별오름에서 요즘

제일 유명한 '나 홀로 나무'다. 사람들이 그렇게 사진을 찍어 올린다더라. 오세가. 왕따 나무라고 부르기도 하는데 나 홀로랑 왕따랑 느낌이 참 다르지? 어쩌면 그게 그거처럼도 느껴지고."

"그래, 그게 그거 같다. 자의냐, 타의냐의 차이일 뿐."

"근데 그러면 엄청난 차이 아니냐? 스스로 하는 것과 시켜서 하는 것."(『복자에게』, 문학동네, 213쪽)

작가는 자의로 물러나느냐, 소송 당사자의 친구라는 이유로 타의에 의해 물러나느냐의 기로에 선 이영초롱 판사의 갈등을 새별오름 '나 홀로 나무'로 표현하고 싶었던 것 같다.

소설에 나오는 것처럼 제주시 애월읍 새별오름 근처에 가면 정말 벌판 한가운데 외롭게 서 있는 나무 한 그루를 볼 수 있다. 낙엽 지는 나무라 겨울에는 잎이 다 떨어져 가지만 앙상하다. 이 나무를 배경으로 CF를 찍으면서 알려지기 시작해 요즘에는 MZ세대의 사진 명소 중 하나라고 한다. 근처에만 가면 길가에 자동차가 줄줄이 주차되어 있어 금빙 찾을 수 있다.

찾아가보니 새별오름 나 홀로 나무는 머귀나무였다. 제

제주시 애월읍 새별오름 근처에 있는 나 홀로 나무. 가까이에서 보면 제주도와 남해안에서 자라는 난대성 나무 머귀나무임을 알 수 있다.

주도와 전남·경남 등 남해안에서 자라는 난대성 나무로 육지에서 흔히 만날 수 있는 산초나무와 비슷하다. 꽃, 열매, 가시까지 비슷하지만 훨씬 큰 나무로, 높이 15미터까지 자란다.

육지에서는 어머니가 돌아가시면 상장喪杖으로 오동나무 지팡이를 짚었지만, 제주에서는 머귀나무를 썼다고 한다. 머귀나무 가시는 흔히 끝이 뭉그러져 있는데, 늙은 어머니의 젖가슴을 연상시키기 때문이라고 한다. 새별오름 머귀나무 줄기에도 끝이 뭉그러진 가시 흔적들이 다닥다닥 붙어 있는 것을 볼 수 있다. 제주에서는 머귀나무를 궤짝이나 멍에를 만드는 재료로 쓰기도 했다.

결국 영초롱은 판사직을 그만두고 프랑스에 체류하다 복자 쪽이 최종 승소했다는 소식을 듣는다. 그곳에서 복자와 오세를 생각하면서 행복을 느끼며 제주도로 돌아갈 생각을 하는 것으로 소설이 끝난다.

나 홀로 나무 남기는 마음

1979년생 김금희 작가는 인천에서 자랐고 인하대를 졸업해 배경으로 인천이 등장하는 소설(소설집 『센티멘털도 하루 이틀』, 장편소설 『경애의 마음』 등)이 적지 않다. 『복자에게』는 2009년 제주의료원에서 발생한 간호사들의 산재 사건과 소송을 모티프로 쓴 소설이다. 작가는 2018년 제주 가파도 작가 입주 프로그램에 참가해 3개월간 이 섬에 머문 적이 있다. 이 때문인지 제주도 풍경, 특히 가파도로 보이는 고고리섬 풍경이 눈에 보일 듯 실감나게 그려져 있다.

필자가 김금희 작가에 대해 관심을 갖기 시작한 것은 2016년 젊은작가상 대상을 받은 「너무 한낮의 연애」를 읽고부터였다. 두 청춘남녀가 종로 패스트푸드점과 문산 마을 어귀의 거대한 느티나무를 배경으로 서로 머뭇거리며 다가가지 못하는 상황을 다룬 소설이다. 2018년에 KBS 드라마로도 만들어졌다.

그의 글을 평하는 글에서 자주 볼 수 있는 단어는 '발랄하다', '단단하다' 등이다. 문학평론가 정과리는 한 글에서 그를 "오랜 습작의 결과로 보이는", "기초가 단단한 작가"라고 했다. 김금희 작가는 나무를 좋아해서 작업할 공간을 선택할 때도 항상 유리창이 있고 나무가 잘 보이는 곳을 고른다고 했다. 이런 작가의 나무 사랑이 잘 담긴 소설도 머지않아 나오지 않을까 싶다. 작가는 2020년 최은영·이기호와 함께 저작권 3년 양도 등 수상 조건에 반발

서울 올림픽공원 몽촌토성 발굴지 옆에 있는 나 홀로 나무.
가까이 가서 보면 측백나무임을 알 수 있다.

하며 이상문학상 우수상 받기를 거부해 주목받았다.

전국적으로 '나 홀로 나무' 또는 '왕따 나무'로 알려진 나무가 더 있다. 서울 올림픽공원 나 홀로 나무도 새별오름 나무 못지않게 유명하다. 이 나무는 몽촌토성 발굴지 옆 너른 잔디밭에 홀로 서 있어서 근처에 있는 롯데월드타워를 배경으로 사진을 찍으면 정말 근사하다. 한겨울에 찾았을 때 젊은 사람들이 찾아와 기념사진을 찍고 있었다. 사진이 예쁘게 나와 여러 CF와 영화 촬영지로 각광받았고 연인들 데이트 장소 또는 웨딩 사진 촬영 장소로 인

왼쪽부터 측백·편백·화백 잎. 측백 잎은 앞뒤 색깔과 모양이 거의 같다. 편백은 잎 뒷면에 Y자 모양의 흰색 선이 있고 화백은 잎 뒷면에 나비넥타이 같은 흰색 무늬가 있다.

기를 끌고 있다.

가까이 가보니 열매가 도깨비 뿔처럼 생긴 것이 측백나무였다. 측백나무는 잎이 옆으로 납작하게 자란다고 측백側柏이라는 이름이 붙었다. 측백나무는 잎의 앞뒤 색깔과 모양이 거의 같은 것으로 구분할 수 있다. 그래서 겉 다르고 속 다르지 않다고 군자의 나무라고 불렀다.

측백나무와 비슷하게 생긴 나무로 편백(히노키)과 화백이 있다. 편백은 침엽수 중에서 피톤치드를 가장 많이 방출하는 나무로 알려져 있다. 이 나무를 구분하는 방법은 잎 뒷면을 보는 것이다. 잎 뒷면에 Y자 모양의 흰색 선이 있으면 편백, 잎 뒷면이 흰 가루를 뿌린 듯하고 잎끝이 뾰족하면 화백이다. 화백의 흰색 무늬는 나비넥타이같이 생겼다. '편백'을 영어로 쓰면 'pyeonbaek'이고 'Y'가 들어가니 잎 뒷면에 Y자 모양이 있다고 생각하면 기억하기 쉽다.

새별오름과 서울 올림픽공원 나 홀로 나무를 보면서 두 나무를 남긴 사람의 마음을 생각했다. 나 홀로 머귀나무와 측백나무는 각각 벌판과 잔디밭의 한가운데 서 있어서 베어냈어도 하등 이상할 것이 없을 위치에 있었다. 하지만 이 벌판과 잔디밭을 조성한 사람은 차마 어엿한 생명인 이 나무들을 베어내지 못해 남겨둔 것 아닐까.

야생화 찍는 남자와 라일락 같은 남자
양귀자, 『모순』

양귀자 장편소설 『모순』이 여전히 베스트셀러 순위에 있는 것을 보고 적지 않게 놀랐다. 20년도 더 전에 읽은 기억이 있는 소설인데 무슨 일인가 싶었다. 이 책은 27년 전인 1998년에 처음 출간되었다.

2024년 초 광화문 교보문고에 가보니 이 소설이 국내소설 4위였고 2판 84쇄가 진열되어 있었다. 한강이 노벨문학상을 받은 이후 한강의 책들이 상위권을 휩쓸 때에도 이 책은 순위만 조금 떨어졌을 뿐 굳건히 10위 이내를 지켰다.

1998년이면 김대중 대통령이 취임한 해로 IMF 사태가 발생해 온 국민이 고통받던 시기였다. '역주행'이라는 말도 어울리지 않는다. 부침은 있었겠지만 적어도 최근 몇 년간 이 책이 꾸준히 팔리고 있기 때문이다. 출판사 서평에 나오는 대로 이 책이 "끊임없이 독자들에게 회자되고 있는 힘은 참 불가사의하다". 더구나 대대적인 마케팅이나 광고도 없이 유튜브 소개 등 입소문만으로 '스테디 베스트셀러'가 됐다고 한다. 양귀자의 '연금 소설'이 『원미동 사람들』이 아니라 이 책이라는 것도 놀랍다. 책의 운명은 아무도 모른다는데 글을 쓰는 입장에서는 이 책이 꿈 같은 경로를 가고 있는 것 같다.

알라딘 구매자 분포를 보면 85.5%가 여성이고 그중 20대가 38.9%, 30대가 28.3%를 차지한다. 구매자의 3분의 2(67.2%)가 20~30대 여성이다. 그래서 이 소설의 재인기 비결을 페미니즘 열풍에서 찾는 글도 보이는데, 이 소설을 읽어보면 페미니즘 소설로 보기에는 무리가 있다는 것을 알 수 있다.

김중배의 다이아몬드냐, 이수일의 사랑이냐

『모순』의 주인공은 25세 미혼 여성 '안진진'이다. 소설의 뼈대는 안진진이 착하지만 가난한 김장우와 유복하고 매사 계획적인 나영규 사이에서 고민하는 내용이다. 이런 틀에서 안진진과 엄마, 이모 등 여성의 삶을 집중적으로 조명한다.

안진진의 엄마와 이모는 일란성 쌍둥이지만 정반대 인생을 산다. 엄마는 시장에서 내복 등을 팔며 술주정뱅이 남편, 사고뭉치 아들을 부양하는 신세지만 이모는 지루한 삶이 고민이라면 고민인 부잣집 사모님이다. 주인공에게는 늘 엄마보다 이모가 행복해 보였지만 막판에 뜻밖의 반전이 있다.

여대생 딸이 이 책을 읽는 것을 보고 다시 읽었다는 50대 여성도 있었다. 그는 "20대 여성들이 고민하는 지점인 직장 문제, 두 남자 사이에서 갈등하는 현실적인 문제를 다루고 있어서 딸 세대도 공감하는 것 같다"며 "김중배의 다이아몬드냐, 이수일의 사랑이냐 같은 질문은 어느 시대에나 먹히는 것 아니냐"고 했다.

한 전문가는 "양귀자의 소설을 보면 시대의 니즈needs, 독자들이 원하는 바를 정확히 알고 쓰는 것을 볼 수 있다"며 "『모순』의 스테디셀러 비결도 거기서 찾아야 하지 않을까 싶다"고 말했다.

야생화와 라일락 사이, 여주인공의 선택은?

『모순』에서 안진진이 고민하는 두 남자 중 한 명인 김장우가 야생화 사진작가라 이 소설에는 꽃이 많이 나온

구절초는 흔히 들국화라 부르는 꽃 중 흰색이나 연분홍색이라 쉽게 구분할 수 있다. 잎이 쑥처럼 갈라져 있다.

다. 그는 선운산에서 안진진에게 구절초를 알려주며 "쑥부쟁이 종류나 감국이나 산국 같은 꽃들도 사람들은 그냥 구별하지 않고 들국화라고 불러버리는데, 그건 꽃들에 대한 예의가 아니야. 꽃을 사랑한다면 당연히 그 이름을 자꾸 불러줘야 해"라고 말한다. 구절초는 사람들이 흔히 들국화라 부르는 꽃들 중에서 흰색 또는 연분홍색이라 쉽게 구분할 수 있다. 또 구절초는 벌개미취·쑥부쟁이와 달리 잎이 쑥처럼 갈라져 있어서 구별하기 쉽다.

같은 장소에서 나오는 매미나물은 매미꽃을 말하는 것

피나물(위)과 매미꽃(아래)은 둘 다 초봄에 노랗게 피는 야생화다.
꽃자루가 줄기에서 나오면 피나물, 땅에서 따로 돋으면 매미꽃이다.
서울 주변 산에서는 주로 피나물을 볼 수 있다.

같다. "가느다란 줄기 끝에 아슬아슬하게 매달려 있는 노란 꽃이 애달프다"고 표현했는데 이건 매미꽃의 특징을 잘 드러낸 것이다. 매미꽃은 피나물과 비슷하게 생겼다. 줄기를 자르면 붉은 유액이 나오는 것도 같다. 둘의 차이는 꽃자루가 어디에서 나오느냐다. 꽃자루가 줄기에서 돋으면 피나물이고 땅에서 따로 돋으면 매미꽃이다. 피나물은 주로 경기도 이북에서, 매미꽃은 남부 지방에서 볼 수 있다.

김장우가 데이트하다 주차장 화단에서 무더기로 피어 있는, '꽃망울이 촘촘하게 붙은' 일월비비추를 발견하고 환호성을 지르는 장면도 있다. 비비추는 작은 나팔처럼 생긴 연보라색 꽃송이가 꽃줄기를 따라 옆을 보며 피는 것이 특징이다. 비비추 종류 중에서 꽃들이 꽃줄기 끝에 모여 달리는 것이 일월비비추다. 잎이 넓은 달걀 모양이고 가장자리는 물결치는 모양이고 잎자루 밑부분에 자주색 점이 있는 것을 볼 수 있다. 높은 산의 습한 곳에서 볼 수 있다. 주차장 화단에 있다면 누가 일부러 심었을 것이다.

이 소설에는 라일락도 인상적으로 나온다. 쌍둥이 이모는 주인공 안진진이 초등학교 5학년 때 엄마 대신 일일교

일월비비추는 비비추 중에서 꽃들이 꽃줄기 끝에 모여 달리는 종이다.
소백산 등 높은 산의 습한 곳에서 볼 수 있다.

사로 학교에 왔다. 이모는 선생님에게 예쁜 크리스털 화병을 드리면서 "보라색 라일락을 한 무더기 꽂으면 예쁠 것 같아서 사봤어요. 받아주세요"라고 했다. 엄마라면 비싼 크리스털 화병을 사지도 않겠지만, 샀다 하더라도 그렇게 멋진 말을 할 줄 몰랐을 것이라고 주인공은 생각한다.

그후 주인공은 봄이 오면 늘 라일락에 주목했다. 김장우가 선화를 받지 않자 전화기 앞을 떠나지 못할 때 "조용조용 꽃가지를 흔들고 있는 라일락은 저리도 아름다운

데, 밤공기 속에 흩어지는 이 라일락 향기는 참을 수 없을 만큼 은은하기만 한데…"라고 생각하는 식이다. "내가 나무라면 라일락이고 싶다"라고 생각하는 곳도 있다. 김장우가 야생화라면 나영규는 라일락에 가깝지 않을까 생각해보았다. 주인공이 엄마가 아닌 이모의 삶을 부러워했다는 점에서 두 남자 중 누구를 택할지 어렵지 않게 짐작할 수 있다.

라일락은 잎이 폭에 비해 길고
화관통 길이도 짧은 편이다.
꽃이 피면 정신이 어지러울 정도로
향기가 강하다.

카츄샤의 꽃, 라일락

『모순』에서처럼 라일락은 젊은 연인들의 꽃이다. 톨스토이의 명작 『부활』에서도 마찬가지다. 많은 재산과 지위를 물려받은 귀족 청년 네흘류도프와 그의 고모 집에서 하녀 겸 양녀로 사는 카츄샤가 첫 입맞춤을 한 것은 하얀 라일락꽃이 진 직후였다.

그러나 네흘류도프의 사랑은 카츄샤의 순정과는 달리 유희에 불과했다. 그것은 당시 네흘류도프가 속한 상류사

수수꽃다리는 우리나라에서 자생하는 라일락 종류다. 잎 길이와 폭이 비슷하고 화관통 길이도 1.5센티미터 이상으로 라일락에 비해 길다.

회에서 흔한 일이었다. 임신 후 고모 집에서 쫓겨난 카츄샤가 어떤 가시밭길을 걸었을지는 짐작하기 어렵지 않다. 12년 후 네흘류도프는 한 재판에 배심원으로 참석했다가 카츄샤가 살인죄 피고인으로 나온 것을 보고 충격받는다. 카츄샤는 누명을 쓴 것이지만 이런 기막힌 상황을 결국 자신이 만들었다는 것을 깨닫고 카츄샤를 돕는 것은 물론 그녀와 결혼하기로 결심하기에 이른다.

 라일락이 특별한 것은 강한 향기 때문일 것이다. 꽃이 핀 쪽에서 바람이라도 불어오면 정신이 어지러울 정도로 강한 향기를 맡을 수 있다. 그 향기를 어떻게 표현해야 할까, 품격이 느껴지는 고급스러운 향이다.

라일락 잎은 거의 완벽한 하트 모양이다. 라일락 잎을 깨물면 첫사랑의 맛을 느낄 수 있다는 말도 있다. 잎을 깨물면 당연히 쓰디쓴 맛이다. 라일락 꽃잎은 네 갈래로 갈라지는데, 다섯 갈래로 갈라진 꽃을 보면 사랑을 이룬다는 속설이 있다. 네 잎 클로버와 비슷한 속설이다.

우리가 주변에서 보는 비교적 큰 라일락나무는 대개 서양에서 온 것이다. 우리나라에서 자생하는 토종 라일락이 있는데 바로 수수꽃다리다. 황해도·평안남도·함경남도의 석회암 지대에서 자란다. 원뿔 모양의 꽃차례에 달리는 꽃 모양이 수수꽃을 닮아 '수수꽃 달리는 나무'라는 뜻으로 수수꽃다리라는 이름이 붙었다.

떠난 사람들의 꽃들

금실이가 연명한 들풀의 정체
김숨, 『떠도는 땅』

 김숨은 『떠도는 땅』으로 2020년 한 해에만 동인문학상, 요산김정한문학상, 김현문학패까지 문학상을 세 개나 받았다. 한 작품으로 이렇게 여러 상을 받는 경우는 흔치 않다. 그만큼 이 작품이 호평을 받은 것이다.

 이 소설은 1937년 러시아 연해주 지역에 거주한 조선인 17만여 명이 스탈린 정권에 의해 중앙아시아로 강제 이주당한 비극을 다뤘다. 임신부 '금실'을 중심으로 해서 화물열차 칸에 탄 조선인 스물일곱 명이 겪는 살인적인 고난과 그들이 살아온 이야기를 대화체 중심으로 전하고 있다.

 금실은 다섯 살 때 아버지를 따라 러시아 국경을 넘었고 결혼 후 블라디보스토크 신한촌에 정착한다. 남편은 러시아에서 차별을 받자 한곳에 정착하지 않고 보따리장수로 간도·연해주·만주 일대를 떠돈다. 남편이 떠난 후 이주 명령이 내려져 금실은 임신 7개월의 몸으로 혼자 이주 열차에 오를 수밖에 없었다.

그들이 탄 열차는 사람이 아닌 가축을 실어나르는 화물 열차였다. 열차에는 제대로 된 화장실도, 마음 편히 누울 자리도 없었다. 참담할 정도로 열악한, 동굴 같은 화물칸 바닥에서, 두려움에 휩싸여 실려갈 수밖에 없었다. 밖을 내다볼 창문조차 없어 어디쯤 왔는지도 가늠할 수 없었다. 열차 안에서 죽는 사람도 부지기수(공식적으로 554명)였다.

이 책을 사놓고도 마음 아플까봐 읽기를 망설였는데, 실제로 페이지마다 안타깝고 가슴 아픈 사연이 가득해 책장을 넘기기가 겁날 정도였다. 열차에서 태어난 아기가 며칠 버티지 못하고 죽자, 아비가 어미 품의 아기를 빼앗아 광목천으로 감싼 뒤 눈보라 날리는 열차 밖으로 던지는 장면도 있다.

금실은 함께 오지 못한 남편을 다시 만날 수 있을지 걱정한다. 이 대목에 '배꽃빛 달빛'이라는 매혹적인 표현이 나온다.

배꽃은 흰색 꽃잎 다섯 장에 검은 점을 단 꽃술이 조화를 이룬다.
깨끗하면서도 품격이 느껴지는 꽃이다.

"아주머니, 나는 남편과 생이별을 할까 봐 겁이 나요."

"네 남편은 살아 있지?"

"그럼요, 그이는 살아 있어요…"

"살아 있으면 만나게 돼 있어." (…)

"아, 언젠가는요…?" 금실은 주먹으로 가슴을 친다.

"그게 언제가 될지 몰라서 그렇지 언젠가는."

들숙은 고개를 든다. 창문을 막은 양철 조각 새에 고인 배
꽃빛 달빛을 응시하며 쓸쓸히 웃는다. (『떠도는 땅』, 은행
나무, 265쪽)

배꽃은 고려 말 이조년의 시조 「이화梨花에 월백月白하고」에서처럼 달과 잘 어울리는 꽃이다. 마실 물이 담긴 양철통과 분뇨통 하나씩밖에 없는 화물칸에서 '배꽃빛 달빛'은 이질적으로 아름답다. 배꽃은 과일꽃이지만, 순백의 꽃잎 다섯 장에 검은 점을 단 꽃술이 조화를 이루어 품격을 느끼게 하는 꽃이다. 은은한 향기도 좋고, 특히 5월 산들바람에 하얀 꽃잎이 흩날리는 모습은 환상적이다.

민들레처럼 노란 꽃 피는 질긴 야생풀

가을에 출발한 열차는 겨울에야 최종 목적지 카자흐스탄에 도착했다. 그곳은 집도 가축도 농기구도 없는 척박한 땅이었다. 금실이 도착한 직후 갈대숲에서 홀로 아기를 낳고 기아에 시달리는 장면에 '민들레처럼 노란 꽃'이 나온다.

그녀는 두꺼비만 한 보리빵 한 덩이로 사흘을 버텼다. 양을 불리려 조금씩 떼어 들에서 뜯은 낯선 야생풀과 함께 죽을 쑤어 먹었다. 쥐가 갉아먹은 듯 잎이 뾰족뾰족하고 질긴 야생풀에는 민들레처럼 노란 꽃이 매달려 있었다.

피어나기 전부터 강렬한 햇빛과 건조한 모래바람에 시달린 꽃은 애늙은이처럼 지치고 슬퍼 보였다. 그녀는 꽃을 떼어내버리고 뿌리와 잎만 씻어 죽에 넣었다. (『떠도는 땅』, 은행나무, 274쪽)

"민들레처럼 노란 꽃"이 피고 "쥐가 갉아먹은 듯 잎이 뾰족뾰족하고 질긴 야생풀"은 어떤 식물일까. 이 식물 이름이 나오지는 않지만 방가지똥에 가장 가까운 것 같다. 특히 큰방가지똥은 "쥐가 갉아먹은 듯 잎이 뾰족뾰족"하다. 둘 다 어린 잎과 줄기는 나물로 먹는다. 집은 물론 식량 등 기본적인 생필품도 없이 황야에서 새 삶을 시작해야 하는 사람들이 거친 환경 속에서 자라는 방가지똥과 닮기도 했다.

방가지똥이나 큰방가지똥 둘 다 노란 꽃은 민들레를 닮았고 전체적인 모습은 엉겅퀴와 닮았다. 특히 가시가 험상궂게 생긴 큰방가지똥이 엉겅퀴와 비슷하게 생겼다. 이 둘은 봄부터 10월까지 꽃이 필 정도로 번식력이 강하고, 눈이 와도 꽃이 피어 있을 정도로 강인한 식물이다. 서울 등 중부 지방에서는 큰방가지똥을 더 자주 볼 수 있다.

방가지똥은 민들레처럼 노란 꽃이 피고 잎 가장자리에 불규칙한 치아 모양의 톱니가 있다.

큰방가지똥은 방가지똥에 비해 전체적으로 크고 잎도 두껍고 잎 표면에 광택이 있는 점이 다르다. 또 큰방가지똥은 잎 가장자리 톱니 끝부분의 가시가 아주 억세게 생겼다. 방가지똥 잎에도 가시가 있지만 작은 편이고 잎에 광택이 없는 것으로 어렵지 않게 구분할 수 있다. 둘 다 씨방의 아랫부분은 볼록하고 위로 갈수록 좁아지는 모양이 꼭 키세스 초콜릿같이 생겼다.

방가지똥은 왜 이런 재미있는 이름을 가졌을까. 여러 가지 설이 있지만 우리 꽃을 소개하면서 이름 유래를 추

큰방가지똥은 방가지똥에 비해 잎이 두껍고 잎 표면에 광택이 있다.
잎 톱니 끝부분에 있는 가시도 억세다.

적한 이재능의 책 『꽃들이 나에게 들려준 이야기』(신구문화사, 2014)는 여느 국화과 식물들과 마찬가지로 솜털처럼 풍성하게 부푼 방가지똥 씨앗이 삽살개의 새끼 '방강아지'처럼 보이는 데서 유래했을 수 있다고 말한다.

반면 김종원 교수의 책 『한국 식물 생태 보감 1』(자연과생태, 2013)에서는 '방가지'가 곤충 방아깨비의 방언이라며 방아깨비는 위험에 처하면 배설물을 내놓는데, 마치 방가지똥 종류가 상처를 입으면 흰 유액을 내놓는 것과 같다고 했다. 김종원 교수의 추정이 더 설득력이 있는 것 같다.

아픈 역사와 소외계층을 다루는 작가

소설을 읽는 내내 궁금한 것들이 있었다. 스탈린은 왜 이런 거대한 만행을 저질렀을까. 아무리 나라가 망했어도 왜 17만 명이 별다른 저항 한 번 못 하고 수천 킬로미터나 강제로 이주당했을까. 17만 명 중에 항일 독립운동의 영웅 홍범도 장군이 포함된 것은 잘 알려진 사실이다.

강제 이주시킨 스탈린 정권의 공식 입장은 한인들에 의한 '일본 간첩행위 침투 차단'이었다. 1937년 중일전쟁 발발에 즈음해 중국과 국경지역에서 소비에트와 일본군의 무력충돌도 발생했는데, 일부 연해주 한인들이 일본에 협조했다는 명분이었다. 하지만 이 같은 주장은 설득력이 약하고, 일제가 끊임없이 연해주 한인들을 자국민이라고 주장하며 간섭할 구실을 찾자 스탈린 정권이 이를 사전에 차단해 극동을 안정시키려 한 것이라는 분석이 있다.

그렇더라도 17만 명이 왜 별다른 저항을 못 했을까. 소비에트 정권은 1918~22년 극동 지역 내전 때 소비에트 정권을 위해 싸운 한인 빨치산 투사들과 공산당원 대부분을 '일제를 위한 간첩행위'라는 구실로 처형시켰다(동국대 이원용 연구교수 논문 「1937년 고려인 강제이주의 원인 및 과정」). 상식적으로 납득할 수 없는 일이었지만, 20만 명이 넘는 민족을 강제 이주시킬 때 일어날 반발을 염두에 두고 사전에 지도자급 인사들을 처형시켰다는 것이다. 소설에도 한인 빨치산 투사들과 공산당원들이 별다른 이유 없이 붙잡혀 유배 가거나 처형당하는 내용이 나오는데, 이런 배경이 있었다는 것이다. 참으로 천인공노할 정권이다.

1974년생 김숨 작가는 왕성한 필력으로 일본군 위안부 문제 등 아픈 역사와 노동자·입양아 등 소외계층을 주로 다뤄온 작가다. 『한 명』 등 위안부에 대한 책을 여러 편 썼고 『L의 운동화』는 6·10 민주화 항쟁의 도화선이 된 이한열 열사의 운동화 복원을, 『오키나와 스파이』는 태평양전쟁 당시 오키나와 제도의 한 작은 섬에서 일본군이 저지른 학살을 다룬 소설이다. 역사뿐 아니라 조선소 노동자를 다룬 『제비심장』을 쓰는 등 아프고 상처받은 약자들의 삶과 뿌리 뽑힌 사람들에게 관심을 갖고 소설을 써온 작가다. 이런 작업으로 현대문학상, 대산문학상, 이상문학상 등 주요 문학상을 두루 받았다. 관심 가는 소재가 있으면 일단 부딪쳐 취재하고 써내는 스타일의 작가인 것 같다.

『떠도는 땅』은 구상부터 탈고까지 4년이 걸렸다고 한다. 김숨의 소설을 문학평론가 김형중은 "기억 복원 작업"으로 정의했고, 소설가 전성태는 "김숨의 거침없는 문학적 행보가 놀랍다"고 했다.

김숨은 필명(본명은 김수진)인데, 사람들이 필명을 보고 '호흡'을 생각하지만 그는 '숨어 있다'는 의미로 지었다고 한다. 김숨이 다음에는 어떤 거침없는 행보를 보여 독자들과 문단을 놀래게 할지 궁금하다.

시인 백석이 사랑한 꽃, 수선화
김연수, 『일곱 해의 마지막』

시인 백석(1912~96)을 상징하는 나무를 꼽으라면 당연히 갈매나무일 것이다. 백석이 1948년 남한 문단에 마지막으로 발표한 시, 「남신의주 유동 박시봉방」의 마지막 부분에 "그 드물다는 굳고 정한 갈매나무"가 나온다. 이 시는 백석이 해방 직후 만주를 헤매다 신의주에 도착했을 즈음에 썼는데, 절망적인 현실을 극복하려는 의지를 외롭게 눈을 맞고 서 있는 갈매나무로 표현했다. 신경림 시인은 에세이 『시인을 찾아서』에서 갈매나무는 백석의 모든 시를 관통하는 이미지라고 했다.

이 시가 알려지면서 갈매나무가 어떤 나무인지 궁금해하는 사람들이 생겼고 이 나무를 구해 심는 수목원도 많아졌다. 전주수목원, 인천수목원, 안면도수목원 등에 가면 이 나무를 볼 수 있다.

그렇다면 백석이 사랑한 꽃은 어떤 꽃일까. 그 단서를 김연수의 장편소설 『일곱 해의 마지막』을 읽다가 찾았다. 이 소설은 해방 이후 북한에 잔류한 백석이 시를 쓰지 않고 러시아 문학 번역에만 몰두하다 1956년 다시 시를 쓰기 시작해 마지막으로 시(체제 찬양시 「나루터」)를 발표하기까지 7년을 중심으로 다룬다. 이중 1935년 첫 시집을 내려고 준비 중인 백석이 신문사 동료 현과 대화를 나누는 장면이 있다.

"시집 제목? 저문 6월의 수선이라고 할까봐."
기행(백석)의 대답에 현이 눈을 치켜떴다.
"수선? 저문 6월의 수선?"
수선이라면, 그것도 6월의 수선이라면 두 사람이 공유하는 기억이 있었다. 이슬비 내리던 그해 6월의 무더운 밤, (…) (준의 결혼피로연에) 가보니 방 하나를 통영 출신 여학생들이 차지하고 있었다. (…) 기행은 그중 한 여학생에게서 눈을 뗄 수가 없었다. 머리가 까맣고 눈이 크고 코가 높고 목이 패고 키가 호리낭창한 사람이었다. 그는 첫눈에 반했다. (『일곱 해의 마지막』, 문학동네, 181쪽)

백석이 사랑한 여인으로 기생 자야와 함께 통영 박경련이 유명하다. 소설에 나오는 통영 출신 여학생이 바로 박경련이다. 백석은 통영까지 내려가 청혼했으나 뜻을 이루지 못했다. 그런데 백석이 시집 『사슴』을 시인 신석정에게 보내자, 신석정은 답례로 「수선화」라는 헌시를 썼고, 백석이 다시 그에 대한 답례로 수필 「편지」를 썼다. 여기에 통영의 여인을 향한 애틋한 감정이 드러나 있다.

> 남쪽 바닷가 어떤 낡은 항구의 처녀 하나를 나는 좋아하였습니다. 머리가 까맣고 눈이 크고 코가 높고 목이 패고 키가 호리낭창하였습니다. (…)
> 총명한 내 친구 하나가 그를 비겨서 수선이라고 하였습니다. 그제는 나도 기뻐서 그를 비겨 수선이라고 하였습니다. 그러한 나의 수선이 시들어갑니다. 그는 스물을 넘지 못하고 또 가슴의 병을 얻었습니다. 이 이야기는 이만하고, 나의 노란 슬픔이 더 떠오르지 않게 나는 당신이 보내주신 맑고 고운 수선화의 폭을 치워 놓아야 하겠습니다.

　심연수가 이런 기록과 일화를 바탕으로 소설에 "저문 6월의 수선"이라는 표현을 쓴 것 같다. 이 정도 사연이면 백석이 가장 사랑한 꽃으로 수선화를 꼽아도 문제없을 것 같다. 수선화는 "머리가 까맣고 눈이 크고 코가 높고 목이 패고 키가 호리낭창한" 통영 아가씨와 잘 어울리는 것 같다.

자유로운 '모던보이', 북에서 양치기로 살아

백석에 관한 책을 통해 북한에서 그가 어떻게 지냈는지를 알고 정말 가슴이 아팠다. '모던보이' 백석은 뭔가에 얽매이는 것을 싫어하는 성격이었다. 1930년대 후반 백석이 조선일보 기자를 그만두고 만주로 떠난 것도 일제가 내선일체를 강요하기 시작했을 때였다. 해방 후에는 북에 남았다. 고향이 그쪽(평북 정주)이라 월북이라기보다는 그냥 잔류라고 할 수 있다.

북한에서 백석은 동시童詩와 러시아 문학 번역에 몰두하는 방식으로 체제와 거리를 유지하려고 했다. 그러나 1957년 북한 문단에서 아동문학 논쟁이 벌어졌을 때 그는 예술성을 강조하다 계급성과 사상성이 부족하다는 거센 비판을 받았다. 결국 백석은 1959년 '삼수갑산'의 오지 양강도 삼수군 협동농장으로 내려가라는 지시를 받았다. 유배를 간 셈이다.

해방 전과 달리 그에겐 처자식까지 있었다. 다급해진 그는 '김일성 원수', '한없이 아름다운 공산주의의 노을'을 찬양하는 글을 썼다. 그러나 그는 1996년 사망할 때까지 37년 동안 삼수군을 벗어나지 못했고, 1962년 이후 작품을 발표할 기회조차 없었다. 1962년 발표한 「나루터」라는 동시가 마지막 발표 작품이었다.

그는 양치기로 여생을 보냈다. 일제에서 벗어나 자유로운 삶을 살고자 했던 백석이 동족들에게 더 야만적인 억압을 당하면서 느꼈을 절망감은 짐작조차 하기 어렵다.

하지만 반전이 있었다. 1980년대 후반 월북작가 해금조치 후 그는 우리나라 시인들이 가장 좋아하는 시인으로 꼽혀왔다. 김연수는 이 소설을 쓴 동기에 대해 "어렸을 땐 이렇게 아름다운 시를 쓴 사람이 북한 전체주의 사회에서 어떻게 지냈을까 막연한 궁금증을 품었다"고 말했다. 그러면서 그는 "백석이 북한 사회에서 조금이라도 성공했다면 지금처럼 사랑받지는 않았을 것"이라며 "실패와 불행은 시인의 숙명인지도 모르겠다"고 했다.

다만 그의 시심詩心이 1962년 이후 1996년 사망할 때까지 34년 동안 작동하지 않았을 리 없다. 언젠가 그의 주옥같은 서정을 담은 시들이 대거 발견됐다는 소식이 들려

왔으면 좋겠다. 더 관심 있는 독자라면 안도현 시인이 쓴 『백석 평전』을 김연수 소설과 비교하면서 읽어도 좋겠다.

단정하고 기품 있는 거문도 수선화

백석이 사랑한 꽃, 수선화의 속명屬名은 'Narcissus'다. 그리스신화에 나오는 청년 나르키소스 이름에서 유래한 것이다. 잘 알려져 있다시피 나르키소스가 연못에 비친 자기 얼굴의 아름다움에 반해 물에 빠져 죽었는데, 그곳에서 수선화가 피었다는 설화가 전해오고 있다.

수선화는 원산지인 지중해 연안에서도 수십 종의 야생종조차 아직 명확하게 분류하지 못했을 정도로 복잡하다. 여기에 셀 수 없이 많은 원예 품종이 더 있다. 그중 우리나라에서 많이 볼 수 있는 세 가지는 일반(원예종) 수선화, 거문도 수선화, 제주 수선화다.

우선 초봄 육지 화단에서 주로 볼 수 있는 수선화는 꽃 전체가 노란색인 것이 많다. 나팔수선화 종류로, 꽃대 하나에 한 송이가 피고 부화관副花冠, 덧꽃부리 길이가 꽃잎 길이보다 길거나 같다.

수선화는 지중해 연안이 원산지이지만 일부는 우리나라 남해의 섬에서 자생하는 꽃이다. 특히 거문도 수선화

초봄 화단에서 주로 볼 수 있는 수선화. 대부분은 유럽에서 개량한 원예종으로, 꽃 전체가 노란색인 것이 많다.

는 참 예쁘다. 거문도 수선화는 흰색 꽃잎에 컵 모양의 노란색 부화관이 조화를 이룬 금잔옥대金盞玉臺다. 금 술잔을 옥대에 받쳐놓은 모양이라는 뜻이다. 이 수선화는 오래전부터 거문도에서 야생 상태로 자라고 있다.

 몇 년 전 2월 말 이 수선화를 보기 위해 버스 타고 배 타고 거문도에 간 적이 있다. 거문도 수선화는 꽃지름이 3센티미터 정도로, 사진을 보면서 생각한 것보다 약간 작았다. 그러나 흰 꽃잎에 노란 부화관을 단 자태가 단정하면서도 기품 있어 보였다. 향기가 맑고도 신선했다.

거문도 수선화는 흰색 꽃잎에 컵 모양의 노란색 부화관이 조화를 이루고 있다.
이 수선화는 오래전부터 거문도에서 야생 상태로 자라고 있다.

이 수선화가 원산지인 지중해 연안에서 언제 어떻게 거문도에 전해졌는지 정확히 알 길은 없다. 다만 영국 해군이 러시아의 남하를 막는다는 구실로 1885년부터 2년 가까이 거문도를 무단 점령한 일이 있다. 이 사건 전후 1860~1930년대에도 거문도를 드나들었다. 그래서 이 수선화를 영국 해군이 가져와 심은 것이 아닌가 추정하는 사람이 많다.

제주 수선화는 빠르면 12월에도 피는 꽃이다. 그래서 제주 수선화는 봄꽃보다는 겨울꽃에 가까운 꽃이다. 제주

제주 수선화는 부화관 없이 꽃 가운데에 꽃잎이 여러 겹으로 오글오글 모여 있다. 빠르면 12월에도 피어 봄꽃보다는 겨울꽃에 가깝다.

도와 거문도 수선화의 꽃 모양은 상당히 다르다. 거문도 수선화는 부화관이 발달한 금잔옥대지만, 제주 수선화는 부화관 없이 꽃 가운데에 꽃잎이 여러 겹으로 오글오글 모여 있는 형태다. 제주도에는 이 수선화가 널려 있어서 제주도에 유배 간 추사 김정희가 "(귀한 수선화를) 소와 말에게 먹이거나 보리밭에 나면 원수 보듯 파낸다"고 안타까워할 정도였다.

요즘에는 제주도에도 금잔옥대 수선화를 심어놓은 것을 볼 수 있다. 거문도 금잔옥대와 제주 수선화는 꽃대 하나에 여러 송이가 달리는 타제타수선화*Narcissus tazetta*의 변종으로 보고 있다. 부화관이 짧고 향기가 좋은 것이 특징이다.

1970년생 김연수는 견고한 고정 독자층을 갖고 있는 작가 중 한 명이다. 1993년 시로 등단했으니 벌써 작가 경력 30년이 넘었다. 소설집으로 『이토록 평범한 미래』, 『사월의 미, 칠월의 솔』 등이 있고, 장편소설 『파도가 바다의 일이라면』, 『꾿빠이, 이상』, 『원더보이』 등이 있다. 문단 수상 경력도 화려하다. 동서문학상, 동인문학상, 대산문학상, 황순원문학상, 이상문학상 등 국내 주요 문학상 중 안 받은 것이 없을 정도다. 문학평론가 신형철은 한 서평에서 "2000년 이후, 김연수는 뒤로 간 적이 없다. 그의 대표작은 늘 그의 최근작"이라고 했다.

빨치산 출신 아버지가 꺾어온 붉은 맹감 열매
정지아, 『아버지의 해방일지』

> 그사이 아버지의 영정은 흰 국화에 둘러싸였다. 살아생전 꽃 따위 쳐다보지도 않았던 아버지였다.
> 아니다, 생각해보니. 가을 녘 아버지 지게에는 다래나 으름 말고도 빨갛게 익은 맹감이 서너 가지 꽂혀 있곤 했다. 연자줏빛 들국화 몇 송이가 아버지 겨드랑이 부근에서 수줍게 고개를 까닥인 때도 있었다. 먹지도 못할 맹감이나 들국화를 꺾을 때 아버지는 무슨 생각을 했을까? (『아버지의 해방일지』, 창비, 24쪽)

정지아의 장편소설 『아버지의 해방일지』를 읽다 오래 눈길이 머문 대목이다. 이 소설은 고향인 전남 구례에 내려가 3일간 빨치산 출신 아버지의 장례식을 치르며 일어나는 크고 작은 사건을 담았다. 이 과정에서 조문 온 다양한 사람들의 이야기를 듣고 그간 몰랐던 아버지의 삶을 알아가는 내용이다. 구례는 "아버지의 친척과 친구가 있는 곳이기도 하지만 아버지를 적으로 아는 사람도 있는 곳"이었다.

전직 빨치산이자 '순수한 사회주의자'인 아버지는 자본주의 사회에서도 늘 '혁명을 목전에 둔 혁명가처럼 진지'한 태도로 살아갔다. 겨울 어느 날 소쿠리를 팔러 왔다가 나갈 때를 놓친 방물장수 여인을 재워주려고 데려오자 어머니는 "베룩(벼룩)이라도 옮으면 워쩔라고"라고 타박했다. 그러자 아버지는 "자네, 지리산서 멋을 위해 목숨을 걸었능가? 민중을 위해서 아니었능가? 저이가 바로 자네가 목숨 걸고 지킬라 했던 민중이여, 민중!"이라고 반박했다. 주인공의 이름 '아리'는 아버지가 활동한 백아산의 '아'자와 어머니가 활동한 지리산의 '리' 자를 따서 만든 이름이었다. 주인공 아리는 "하룻밤 재우는 일에 민중을 끌어들이는 아버지나 그 말에 냉큼 꼬리를 내리는, 꼬리를 내리다 못해 죄의식에 얼굴을 붉히는 어머니"가 낯설기만 하다.

이런 일화도 있다. 어머니는 당신 딸은 절대 담배 피우는 그런 애가 아니라고 계속 항변했다. 그러자 아버지는 "넘의 딸이 담배 피우먼 못된 년이고, 내 딸이 담배 피우먼 호기심이여? 그거이 바로 소시민성의 본질이네! 소시

민성 한나 극복 못헌 사램이 무신 혁명을 하겠다는 것이여!"라고 했다. 주인공 아리는 "환갑 넘은 빨갱이들이 자본주의 남한에서 무슨 혁명을 하겠다고 극복 운운하는 것인지, 이것이야말로 진정한 블랙 코미디"라고 여긴다.

이런 식으로 소설을 읽는 내내 웃음이 나오는 대목이 적지 않다. 등장인물이나 작가가 독자를 웃기려 작정하고 쓴 대목이 아닌 듯한데도 그렇다. 하지만 정세 판단을 위해 여전히 뉴스에 촉각을 곤두세우는 부모, 장례식장에 몰려와 고인이 (위장) 자수를 했으니 '통일애국장' 대신 '통일애국인사 추모제'라고 쓴 플래카드를 걸라는 전직 빨치산들이 나오는 대목에서는 웃어야 할지 어떨지 난감했다. 빨치산 출신인 어머니는 '조용히 가시게 할란다'며 이 제의를 거절하는 것으로 나온다.

작가는 '이념보다 사람 이야기로 쓴 것'이라고 했다. 이념이나 죽음 등 무거운 주제를 비교적 유쾌한 톤으로 풀어내서 그런지 술술 읽혔다. 대학 시절 읽은 김학철의 『격정시대』를 읽는 것 같은 느낌도 들었다. 항일투쟁을 다룬 『격정시대』에 대해 당시 '혁명적 낙관주의'라는 말을 쓴 것 같다.

꽃보다 예쁜 빨간 청미래덩굴 열매

아버지가 지게에 꽂아온 맹감은 청미래덩굴을 가리킨다. 청미래덩굴은 어느 숲에서나 흔히 볼 수 있는 친숙한 덩굴나무로, 지역에 따라 망개나무, 맹감 또는 명감나무라고 부른다. 꽃보다 가을에 지름 1센티미터 정도 크기로 동그랗고 반들반들하게 익는 빨간 열매가 인상적이다. 잎 모양은 둥글둥글한 원형에 가깝지만, 끝이 뾰족하고 반질거린다. 덩굴손이 두 갈래로 갈라져 꼬불거리며 자라는 모습이 귀엽다.

경상도에서는 청미래덩굴을 '망개나무'라고 부른다. 그래서 청미래 잎으로 싸서 찐 떡을 망개떡이라 부른다. 떡장수가 밤에 "망개~떡"이라고 외치고 다니는 바로 그 떡이다. 망개떡은 청미래덩굴 잎의 향이 배어 상큼한 맛이 나고 여름에도 잘 상하지 않는다고 한다.

이 청미래덩굴이 제주 4·3을 다룬 현기영의 소설집 『순이 삼촌』에도 나온다.

솥도 져나르고 이불도 가져갔다. 밥을 지을 때 연기가 나면 발각될까 봐 연기 안 나는 청미래덩굴로 불을 땠다. 청미래덩굴은 비에도 젖지 않아 땔감으로는 십상이었다. 잠

청미래덩굴은 가을에 지름 1센티미터 정도 크기로 동그랗고 반들반들한 빨간 열매를 맺는다. 전국 숲에서 흔히 볼 수 있는 친숙한 덩굴이다.

은 밥 짓고 난 잉걸불 위에 굵은 나무때기를 얼기설기 얹어 침상처럼 만들고 그 위에서 잤다. (『순이 삼촌』, 창비, 70쪽)

공비와 군경을 피해 한라산 굴속으로 피신한 '도피자'들이 밥을 지을 때 연기를 내지 않기 위해 청미래덩굴을 쓰는 것이다. 불을 지펴도 연기가 나지 않기로 유명한 나무로 싸리나무가 있고, 때죽나무와 붉나무도 연기가 적게 나는 것으로 알려져 있다. 조정래의 『태백산맥』에는 빨치

청가시덩굴은 청미래덩굴과 비슷하게 생겼지만 계란형의 구불거리는 잎과 까만 열매로 구분할 수 있다.

산 정하섭이 찾아왔을 때 소화가 연기가 나지 않도록 싸리나무로 불을 지피는 장면이 나온다.

청미래덩굴과 비슷하게 생긴 식물로 청가시덩굴이 있다. 청가시덩굴도 숲에서 어렵지 않게 만날 수 있다. 둘 다 가시가 있고, 잎과 꽃도 비슷하다. 둥글게 휘어지는 나란히맥을 가진 것도 같다. 그러나 청미래덩굴 잎은 반질거리며 동그란 데 비해 청가시덩굴 잎은 계란형에 가깝고 가장자리가 구불거린다. 열매를 보면 확실하게 구분할 수 있다. 청미래덩굴은 빨간색, 청가시덩굴은 검은색에 가까운 열매가 달린다.

'연자줏빛 들국화'는 쑥부쟁이

『아버지의 해방일지』에서 "아버지 겨드랑이 부근에서 수줍게 고개를 까닥인" 연자줏빛 들국화는 구체적으로 어떤 꽃일까. 들국화라는 종은 따로 없고 가을에 피는 야생 국화류를 총칭하는 단어다.

들국화라 부르는 꽃 중에서 보라색과 흰색 계열은 벌개미취·쑥부쟁이·구절초가 대표적이고, 노란색 계열로 산국과 감국이 있다. 이들 들국화 중에서 연자줏빛이라고 했으니 벌개미취와 쑥부쟁이 중 하나다. 그런데 벌개미취는 깊은 산에서 드물게 자라는 것을 원예종으로 개발해 88올림픽을 계기로 전국적으로 보급했으니 소설 속 아버지가 꺾어왔을 가능성은 낮다. 그러니 쑥부쟁이일 것이다.

쑥부쟁이는 꽃은 연보라색이고 대체로 잎이 작고 아래쪽 잎은 굵은 톱니를 갖고 있다. 줄기가 쓰러지면서 어지럽게 꽃이 피는 경우가 많다. 쑥부쟁이라는 꽃 이름은 '쑥을 캐러 다니는 대장장이(불쟁이)의 딸'에 관한 꽃 이야기에서 유래했다. 꽃을 감싸는 부분이 총포인데, 총포조각

쑥부쟁이는 가을에 연보라색 꽃이 피는 야생화로, 꽃을 감싸는 총포조각이 위로 잘 붙어 있다.

이 위로 잘 붙어 있다. 한발 더 들어가보면, 산이나 언덕 등에서는 그냥 쑥부쟁이보다는 꽃을 감싸는 총포가 어지럽게 펼쳐져 있는 갯쑥부쟁이(이전의 개쑥부쟁이)를 더 흔히 만날 수 있다.

정지아 작가가 빨간 청미래 열매와 연자주색 쑥부쟁이를 등장시킨 것은 사회주의자 아버지에게도 낭만이 있었음을 드러내려는 의도인 것 같다. 소설 배경이 지리산 인근이라 다양한 야생화가 많았을 텐데 그중에 청미래덩굴 열매와 쑥부쟁이를 고른 것은 가을에 주변에서 가장 흔

갯쑥부쟁이는 쑥부쟁이와 비슷하지만 총포조각이 위로 붙지 않고 어지럽게 펼쳐져 있다. 산이나 언덕 등에서 쑥부쟁이보다 더 흔하게 만날 수 있다.

한 꽃과 열매이기 때문일 것이다.

『아버지의 해방일지』는 2022년 출간 후 30만 부 이상이 판매되었다. 1965년생 정지아 작가는 빨치산의 딸이다. 아버지는 6·25 전쟁 때 조선노동당 전남도당 조직부부장, 어머니는 남부군 정치지도원이었다. 두 사람은 딸의 이름을 자신들이 활동한 지리산과 백아산에서 한 글자씩 따서 '지아'라 지었다.

정지아 작가는 1990년 부모의 증언을 바탕으로 장편소설 『빨치산의 딸』을 펴냈고 1995년 조선일보 신춘문예 단편 부문에 「고욤나무」가 당선되면서 본격적으로 작품 활동을 시작했다. 그동안 간간이 빨치산 출신 부모와 그 딸이 살아가는 모습을 담은 소설을 여러 편 썼다. 예를 들어 단편소설 「행복」은 아직도 정세 판단을 위해 뉴스에 촉각을 곤두세우는 빨치산 출신 부모와 함께 어머니의 고향에 다녀오는 이야기다. 『아버지의 해방일지』를 이루는 중요한 에피소드들이 나오는 것이다.

정지아 작가의 아버지는 소설에 나오는 대로 2008년 5월 1일 노동절에 작고했다. 작가는 장례식을 치르면서 장편소설 작업을 결심했다고 한다. "이데올로기로만 아버지를 볼 것이 아니라 한 인간으로 보고, 아버지라는 전체 스펙트럼 중에서 이데올로기의 의미를 다시 따져보고 싶었다"는 것이다.

『아버지의 해방일지』를 읽으며 과거 소설에는 아버지에 대한 냉소와 냉담 또는 시대착오적인 모습을 담은 비판적인 태도가 많았는데, 이번 소설은 보다 인간적이고 따뜻하게 그렸다는 느낌을 받았다. 돌아가신 분에 대한 예의일까, 세월이 흘렀기 때문일까. 작가가 어느 인터뷰에서 한 표현을 빌리면 "이데올로기나 부모와의 거리를 확보"했기 때문일까.

탈북자 로기완을 지켜본 벨기에 전나무
조해진, 『로기완을 만났다』

조해진의 『로기완을 만났다』는 탈북자 로기완의 사투를 그린 소설이다. 방송작가가 벨기에 브뤼셀에서 탈북자의 일기를 바탕으로 그의 행적을 무작정 추적하는 줄거리다. 여기에 얼굴에 거대한 종양이 있어 수술을 앞둔 여고생 윤주와 윤주를 도우려다 오히려 절망에 빠뜨려 현실에서 도망치는 방송작가의 이야기가 교차하는 소설이다.

> 어머니는 저 때문에 돌아가셨습니다. 그래서 저는, 살아야 했습니다. (『로기완을 만났다』, 창비, 124쪽)

방송작가인 화자가 유럽을 유령처럼 떠도는 로기완의 행적을 추적하기로 결심한 것은 시사잡지 기사에서 로기완의 이 말을 읽고서였다. 로기완이 어릴 때 북한은 대홍수와 태풍 등으로 대기근에 시달리는 이른바 '고난의 행군'을 겪었다. 함경북도 온성군에서 태어난 로기완은 10대 후반에 어머니와 함께 두만강을 건넜다. 그들의 목적은 오직 하나, 살아남는 것이었다.

로기완은 연길의 그늘진 골방에서 지낼 수밖에 없었다. 젊은 남자는 공안의 눈을 피할 수 없어 일하는 것이 불가능했다. 대신 로의 어머니가 목욕탕과 노래방에서 하루 종일 일해야 했다. 2007년 9월 어느 날 노래방으로 출근한 로의 어머니가 교통사고로 사망했다. 중국 당국이 대대적으로 탈북자 수색을 하는 기간이라 로는 병원에 가볼 수도 없었다. 로는 어머니 시신을 판 돈으로 유럽행 자금을 마련한다. 브로커에게 위조 여권과 비행기 티켓 비용을 주고 이런저런 다른 비용들을 제하고 남은 돈 650유로, 이것이 로의 전부였다.

스무 살 로가 도착한 브뤼셀은 말 한마디 통하지 않는 낯선 땅이었다. 한국 대사관이 유일한 희망이었지만, 대사관 직원은 사무적인 어투로 로가 북한에서 온 증거가 없기 때문에 난민 신청을 도울 수 없다고 했다. 결국 로는 길거리 쓰레기통을 뒤져 샌드위치 조각으로 허기를 달랬고, 브뤼셀 남역의 간이 벤치에서 잠을 청하다 다른 노숙자들에게 쫓겨나야 했다.

로기완의 절망이 가장 바닥에 다다랐을 때 이를 지켜본 나무가 있었다. 전나무였다.

> 로는 그날 태어나서 처음으로 구걸을 했다. 트론 지하철역의 예술의 길 방향 계단에서였다. 로는 모자를 벗은 후 무릎을 꿇고 앉아 상체를 구부려 세상에서 가장 낮은 자의 자세를 취했다. (…)
> 로가 그랬던 것처럼 나는 붉은 나방이 이끄는 대로 가로수를 따라 걷는다. 가로수는 거리 초입부터 띄엄띄엄 이어지다가 거리 한가운데 자리한 키 큰 전나무에서 모인다. 전나무는 갖가지 트리로 장식되어 있다. 주머니 안에는 땀에 젖은 돈이 들어 있었지만 로는 식당으로 들어가는 대신 그 전나무 아래에 놓인 벤치에 앉았다. 온몸이 느슨해지면서 도저히 막아낼 수 없을 것 같은 졸음이 밀려왔다. (…) 다음 날 아침 로가 깨어난 곳은 경찰서였다.
> (『로기완을 만났다』, 창비, 163~166쪽)

이후 로는 난민신청국에서 벨기에 시민권을 가진 퇴직

의사 '박'을 만난다. 그는 평양 출신이어서 진짜 북한 사람인지 아닌지 판별하기에 제격이었다. 로는 박의 도움으로 난민 지위를 얻어 안정적 삶을 찾았지만 새로운 사랑을 찾아 난민으로 누릴 수 있는 것들을 포기하고 영국으로 향한다.

로의 절망이 최고조일 때 만난 전나무

2011년에 출간된 이 소설은 2013년 신동엽문학상을 받았지만 많이 팔리지는 않았다고 한다. 필자도 이 소설을 몰랐다가 2021년 KBS가 한국문학평론가협회와 공동 선정한 '우리 시대의 소설 50' 중 하나로 이 소설을 소개하는 것을 보고 관심을 가졌다. 이 소설은 또 2024년 3월 영화로 만들어졌다. 넷플릭스에 공개된 영화 「로기완」에서 송중기가 로기완 역을 맡았다.

이 글을 쓰기 위해 영화를 보니 소설과 뼈대만 같고 상당히 다른 이야기로 제작되었다. 소설에서는 라이카라는 필리핀 여성이 로기완의 상대인데, 영화에서는 벨기에 국적을 가진 한국인 여성 마리가 등장했다. 영화에는 방송작가가 윤주 사건을 계기로 로기완의 행적을 찾아가는 과정이 전부 빠져 있었다. 어떻든 2011년에 나온 이 소설

오대산 전나무 숲길. 전나무는 우리나라 높은 산에서 자라는 대표적인 침엽수 중 하나다. 광릉 국립수목원 입구, 부안 내소사 입구 전나무길도 위용이 대단하다.

이 영화 제작에 힘입어 새롭게 조명받는 것은 소설에 나오는 탈북자들의 절박함이 여전히 현재진행형이기 때문일 것이다.

전나무는 높은 산에서 자라는 우리나라의 대표적인 침엽수 가운데 하나다. 오대산과 설악산 등 북부 지방에 주로 분포하고 있는데 남부 지방에서도 높은 산에 가면 볼 수 있다. 오대산 전나무 숲길이 유명하지만 광릉 국립수목원 입구, 내소사 입구 전나무길도 위용이 대단하다.

전나무는 30~40미터까지 굽지 않고 아주 곧게 자란다. 소설에서 로기완의 고향인 온성 숲에도 전나무가 많았을 것이다. 로가 더 이상 벨기에 전나무 아래에서처럼 절대적인 절망을 느낄 일이 없기를, 그의 앞날이 전나무처럼 쭉쭉 뻗어가기를 바랐다.

뛰어난 구성력에 감각적인 문장

우리 주변에는 전나무가 비교적 많다. 수형이 좋아서 공원이나 화단에 한두 그루씩 심어놓은 것을 볼 수 있다. 전나무는 젓나무라고도 부르는데, 줄기에서 젖처럼 하얀 액체가 흘러나오기 때문이다. 그런데 비슷하게 생긴 구상나무도 있다. 구상나무는 우리나라 특산식물로, 경복궁이

전나무(왼쪽) 잎은 길고 뾰족한 반면 구상나무(오른쪽) 잎은
끝이 갈라져 있고 잎 뒷면에 흰 기공선이 있어 희끗희끗하게 보인다.

나 홍릉숲 등에 가면 근사한 구상나무를 볼 수 있다.

비슷하게 생긴 전나무와 구상나무를 구분하는 가장 쉬운 방법은 잎을 보는 것이다. 전나무 잎은 구상나무 잎에 비해 길고 뾰족하다. 찔리면 아플 정도다. 반면 구상나무 잎은 끝이 얕게 갈라져 있어서 찔려도 아프지 않다. 또 구상나무는 잎 뒷면에 흰 줄이 있어 멀리서 보면 희끗희끗하게 보인다. 이 잎 뒷면 은녹색 부분은 기공선숨구멍줄이다.

구상나무는 우리가 관심을 덜 갖는 사이 1907년 유럽에

한라산의 구상나무. 우리나라 특산식물인 구상나무는 유럽에 전해져 크리스마스트리로 인기를 끌고 있다.

전해진 후 크리스마스트리로 인기를 끌고 있는 나무이기도 하다. 전나무와 형제 나무여서 영어 이름은 'Korean fir' 즉 한국 전나무이고, 학명도 '*Abies koreana*'로 한국의 나무가 확실하다.

구상나무를 신종으로 등록한 학자는 미국 하버드대 소속 어니스트 윌슨Ernest Wilson 박사였다. 그는 1917년 직접 한라산에 올라 구상나무를 확인했다. 이 한라산 탐사에는 당시 한반도에서 활발하게 연구하던 일본인 학자 나카이Nakai도 동행했다. 그런데 나중에 나카이는 윌슨이 구상나

주목은 줄기가 붉고 잎 뒷면 기공선이 연초록색인 것으로 구별할 수 있다.

무를 신종으로 등록한 것을 알고 자신이 구상나무를 눈여겨보지 않은 것을 두고두고 아쉬워했다고 한다.

주목도 전나무와 구상나무와 헷갈릴 수 있는데, 주목은 이름 자체가 줄기 색깔이 붉은 나무라는 뜻이라 줄기만 봐도 금방 구분할 수 있다. 잎을 보면 더 확실하게 차이를 알 수 있다. 주목 잎도 뾰족하긴 하지만 전나무보다는 덜 뾰족하고, 무엇보다 잎 뒷면 기공선이 연초록색이라 구별하기 쉽다.

조해진 작가는 1976년에 서울에서 태어나 2004년에 등단했다. 그는 성소수자, 난민, 국가적 폭력의 희생자, 노숙자 등 소외된 사람들을 주로 다룬다. 그는 한 인터뷰에서 "소외된 사람들의 이야기를 통해 사회의 문제를 짚어보려는 사람들이 찾는 장르가 소설이라고 생각한다"고 말했다. 『로기완을 만났다』는 조해진 작가가 2009년 폴란드의 한 대학에서 한국어 강사로 일하던 중 우연히 벨기에를 떠도는 탈북인에 대한 기사를 읽고 취재해 쓴 소설이라고 한다.

그의 소설을 읽으면 구성력이 뛰어나고 문장이 감각적이면서도 정확하다는 느낌을 받는다. 그가 수많은 문학상을 수상한 것도 그런 관점과 필력이 조화를 이루어 탄탄한 작품을 탄생시켰다는 뜻일 것이다. 그의 소설에 이방인, 외국인, 불법체류자, 입양인이 꾸준히 나오는데, 등단 이후에도 한국어 강사를 하면서 외국인을 계속 만난 영향이라고 한다.

2022년에는 장편소설 『완벽한 생애』로 동인문학상을 받았다. 홍콩의 반정부 민주화 시위, 제주 신공항 건설 등 시대의 아픔을 겪은 인물들이 서로 연결되며 살아가는 모습을 그린 작품이다. 2014년 이상문학상 작품집에서 그의 단편 「빛의 호위」를 감동적으로 읽은 기억이 있는데,

아주 작은 호의가 절망에 빠진 한 사람을 구하고 세상을 바꾼다는 이야기다. 이 단편에는 시리아 내전이 나오는데 작가는 이 내용을 러시아-우크라이나 전쟁으로까지 확장해 『빛과 멜로디』라는 장편소설로 2024년 9월에 출간했다.

교살자 무화과나무의 이중성
백수린, 「여름의 빌라」

 백수린의 단편소설 「여름의 빌라」는 주인공이 독일 여성에게 편지를 보내며 회상하는 형식의 소설이다. 주인공 주아는 대학 시절 유럽으로 배낭여행을 갔다가 독일에서 한스와 베레나라는 중년 부부를 만나 친구가 된다. 한국에 돌아와서도 메일을 주고받았고 남편 지호가 독일 유학을 가면서 5년 정도 더 교류했다.

 남편이 유학을 마치고 귀국하면서 주아 부부의 삶은 엉망이 되었다. 남편은 교수 임용 심사에서 여러 차례 탈락했다. 부부는 강사료가 터무니없이 적었지만 먹고살기 위해 닥치는 대로 강의를 맡았다. 치솟는 전세 비용을 감당할 수 없어 변두리로 이사를 거듭해야 했다. 아이를 낳아 키울 경제적·시간적 여유도 없어서 임신과 출산은 미룰 수밖에 없었다. "한창때의 린덴바움 잎처럼 새파랗던"

유럽에서 가로수로 흔하게 볼 수 있는 린덴바움(유럽피나무). 슈베르트 가곡 "성문 앞 우물 곁에 서 있는 보리수"에 나오는 보리수가 이 나무다.

남편의 학문적 열정이 식어갈 수밖에 없었을 것이다.

'린덴바움'Lindenbaum은 학창 시절 때 배운 슈베르트의 가곡에 나오는 "성문 앞 우물 곁에 서 있는 보리수"를 말한다. 독일 등 유럽에서 가로수로 심어 흔하게 볼 수 있는 나무다. 베를린에 가면 이 나무를 가로수로 심은 '운터 덴 린덴'Unter den Linden, 린덴바움 아래이라는 거리가 있다. 우리 토종인 보리수나무가 있기 때문에 이 나무를 보리수라고 부르는 것은 맞지 않는다. 린덴바움 잎이 보리자나무나 찰피나무의 잎과 비슷하다고 누군가가 '보리수'라고 번역

린덴바움은 피나무의 일종이라 '유럽피나무'라고 하는 것이 적절하다.
피나무 종류는 열매자루에 프로펠러가 있어서 열매를 멀리 퍼뜨릴 수 있다.

해서 생긴 혼선이다. 린덴바움은 피나무의 일종이기 때문에 '유럽피나무'라고 하는 것이 적절하다.

'긴 세월의 폭력' 대 '그럼에도 지속해야 하는 삶'

그러다 한스 부부가 자신들의 캄보디아 여행에 주아 부부를 초대한다. 주아는 한스 부부와 여행하면 미래에 대한 기대가 있었던 독일 시절, 그러니까 "린덴바움 잎처럼 새파랗던 열정"을 되찾을 수 있을 것 같은 생각에 초대에 응한다.

처음에 그들은 함께 즐거운 시간을 보낸다. 한스 부부의 딸을 닮은 손녀 레이니도 낯을 가리다 점점 친해진다. 하지만 며칠 지나면서 주아의 마음 한편에서는 불편함이 싹튼다. 우기에 수상가옥 마을 등을 여행하면서 가난한 사람들의 일상을 관광한다는 사실이 불편하게 다가온 것이다. 주아의 남편 역시 그런 생각을 갖고 있는 것 같다. 사원에서 폐허를 뚫고 자란 거대한 나무를 볼 때도 마찬가지였다.

> 하지만 거대한 나무가 사원을 뚫고 자란 폐허를 당신들은 아름답게 바라봅니다. 나는 이제 사원들을 바라보는 것이 싫어졌어요. 돌무더기에 핀 이끼와 그 위로 부서지는 빛은 틀림없이 아름다웠고, 무너져 내린 것들 사이를 지탱하는 수백 년 된 나무를 보는 길은 황홀했지만, 그것을 태연하게 향유하는 행위가 옳지 않다는 생각이 들었기 때문입니다. (『여름의 빌라』, 문학동네, 57쪽)

여행의 마지막 날 밤, 한스가 여행이 좋았다고 하자 주아의 남편은 술을 좀 마신 상태에서 선진국인 독일 사람들은 그럴 말을 할 자격이 없다며 반박한다. 얘기 도중 한스가 (동남아 국민들이) 만족하고 살면 그곳이 천국이고 불만족하는 순간 증오와 폭력이 생긴다고 하자 주아의 남편은 '개소리'라는 말을 내뱉을 지경에 이른다. 여행을 어색하게 마무리할 수밖에 없었다.

한국으로 돌아온 주아는 상처를 주어서 미안하다는 내용과 함께 한스와 베레나 부부가 여행 6개월 전쯤 테러로 딸을 잃었다는 베레나의 편지를 받는다. 2016년 12월 독일 베를린에서 극단주의 테러조직 이슬람국가[IS] 추종자가 대형 트럭을 몰고 크리스마스 시장에 돌진해 열두 명이 사망한 사건이 있었다. 한스 부부는 아픔을 잊기 위해 동남아 여행을 떠났고 주아 부부를 초대한 것이다.

베레나는 편지에서 "긴 세월의 폭력 탓에 무너져 내린 사원의 잔해 위로 거대한 뿌리를 내린 채 수백 년 동안 자라고 있다는 나무. 그 나무를 보면서 나는 결국 세계를 지속하게 하는 것은 폭력과 증오가 아니라 삶에 가까운 것일지도 모른다는 생각을 하게 되었다"고 썼다.

주아 부부에게는 거대한 사원 나무들이 선진국들의 긴 세월에 걸친 폭력으로 비쳤지만, 테러로 딸을 잃은 한스 부부에게는 증오와 폭력 속에서도 살아야 하는 삶의 한 단면으로 보인 것이다.

설상가상으로 편지에는 베레나가 알츠하이머 진단을 받았다는 내용도 들어 있었다. 주아는 "폐허 위에 끝까지 살아남아 창공을 향해 푸르게 뻗어나가는 당신의 마지막 기억이 당신의 딸이 낳은 그 어린 딸이 환하게 웃는 장면"이었으면 좋겠다는 말로 편지를 마무리한다.

소설은 이처럼 독일인 노부부와 한국 젊은 부부의 우정을 배경으로, 식민과 피식민, 부자 나라와 가난한 나라 사이의 긴장과 갈등을 드러낸다. 그 방식이 일방적인 수준에 그치지 않고, 깊게 생각해볼 거리를 제공하고 있는 점이 좋다. 대학강사 부부의 힘겨운 생활에 대한 묘사도 가슴 아플 정도로 실감나게 담고 있다.

'다른 나무 죽이는 교살자' 대 '생태계 유지에 중요한 역할'

동남아 사원의 폐허 위에서 자라는 '거대한 나무'는 어떤 나무일까. 이들은 '교살자 무화과나무'strangler fig들이다. 열대·아열대 지방 다큐나 여행 프로그램을 보다 보면 흔히 나오는 나무들이다.

교살자 무화과나무 종류들은 처음에 씨앗이 다른 나무 줄기에 붙어 발아한 다음 땅을 향해 뿌리를 내린다. 뿌리가 땅에 닿으면 주변의 모든 물과 영양분을 흡수하면서

교살자 무화과나무의 일종인 반얀트리. 교살자 무화과나무는 다른 나무를 죽이면서 거대한 나무로 성장하는 나무들의 총칭이다.

폭발적으로 성장한다. 이 과정에서 원래 나무는 나무줄기에 점차 둘러싸여 말라 죽고 교살자 무화과나무는 수십 미터에 이르는 거대한 나무로 성장한다.

교살자 무화과나무는 한 종의 식물을 지칭하는 것이 아니라 이런 식으로 다른 나무의 표면에 붙어살다가 그 나무를 뒤덮는 속성이 있는 무화과나무를 총칭하는 이름이다. 우리나라에서도 볼 수 있는 무화과·천선과나무와 같은 속^{Ficus}이다. 반얀트리라고도 부르는 벵갈고무나무가 대표적인 교살자 무화과나무다. 벵갈고무나무는 우리나

무화과나무(왼쪽)와 천선과나무(오른쪽).
같은 무화과나무속(Ficus)이라 열매가 비슷하게 생겼다.
천선과나무는 우리나라 남해안과 제주도에서 어렵지 않게 볼 수 있다.

라에서도 실내식물로 많이 키우는 나무인데 원산지에서는 거대한 나무로 성장한다는 것이 놀랍다.

교살자 무화과나무는 그저 다른 나무를 죽이는 생태계의 악당이 아니다. 최대 높이가 45미터에 육박할 정도로 거대하기 때문에 태풍이나 홍수 때 숲이나 건물을 보호하고 풍부한 열매로 숲 생태계를 유지하는 데 중요한 역할을 하기 때문이다. 오랑우탄이 먹는 전체 식량의 25퍼센트 이상이 이 나무들의 열매라고 한다. 소설에서 표현

캄보디아 타프롬사원의 스펑나무. 다른 나무를 죽이면서 거대한 나무로 성장하는 교살자 무화과나무의 일종이다. 나무가 사원 벽을 파괴하는 동시에 보호하고 있다.

한 대로 이 거대한 나무들은 다른 나무를 뒤덮어 죽이는 폭력적인 측면도 있지만, 숲의 생태계를 유지하는 생명의 나무라는 긍정적인 측면도 있다.

교살자 무화과나무 중에서도 세계적으로 유명한 것은 캄보디아 앙코르와트의 건물을 뒤덮고 있는 나무들이다. 타이 아유타야의 사원에서 뿌리로 불상의 얼굴을 감싸고 있는 나무도 교살자 무화과나무의 일종이다. 이 나무 안내문에는 '보리수나무'Bodhi Tree라고 적혀 있는데, 흔히 열

교살자 무화과나무의 이중성 129

대·아열대 지역에서 보리수나무는 인도보리수를 가리킨다.

『여름의 빌라』는 백수린 작가가 2016년부터 2020년까지 발표한 소설 여덟 편을 담은 소설집의 표제작이다. 이 소설집은 2020년 '백수린 문학의 한 절정'이라는 평가를 받으며 한국일보문학상을 받았고, 소설 「여름의 빌라」는 2018년 문지문학상 수상작이다.

'대체 불가능한 아름다운 문장과 섬세한 플롯'이라는 작가 수식어가 무색하지 않을 정도로 읽는 작품마다 좋다. 특히 인물들이 삶의 균열을 마주하는 장면이 많은데 장면마다 긴장감이 넘치고 섬세하다. 프랑스 유학을 해서인지 외국을 무대로 삼고 외국인을 등장시키는 작품이 적지 않다.

이 글을 쓰기 위해 검색하다 작가가 수도권 한 대학의 교수로 임용됐다는 뉴스를 보고 드디어 오랜 시간강사 생활을 끝낸 것을 알 수 있었다. 작가는 1982년 인천 출생으로 2011년에 등단해 소설집 『폴링 인 폴』, 『참담한 빛』 등을 출간했고 장편소설 『눈부신 안부』도 펴냈다.

문학평론가인 고 김윤식 서울대 명예교수가 『창작과비평』 2011년 겨울호에 발표한 단편 「폴링 인 폴」을 읽고

"물건 되겠다 싶데"라고 자질을 높이 평가한 일화가 유명하다. 작가가 서강대 대학원에 다닐 때 쓰고는 싶은데 재능이 없다고 망설이자 불문학과 지도교수이자 소설가인 최윤이 "쓰고 싶은 마음이 있는 게 바로 재능"이라고 격려한 일화도 있다.

삶을 위로하는 꽃들

샤베트 튤립에 담긴 파티 분위기
김애란, 「홈 파티」

 김애란의 단편 「홈 파티」는 정교하게 구성한 소설이다. 가난한 연극배우 이연은 후배 성민의 권유로 모 대학의 최고경영자 과정을 마친 동기들이 여는 홈 파티에 참석한다. 인테리어 편집숍을 운영하는 오 대표 집에서 열린 파티에는 '서(명상센터 소장), 박(성형외과 의사), 김(변호사)' 등 사회적으로 성공한 이들이 참석했다. 이연은 마침 '화장품 제조업체, 50대 여성 임원' 역의 오디션을 앞두고 있어서 성공한 사람들이 모인 자리에 가보는 것도 나쁘지 않을 것 같아 초대에 응했다.

 저, 이거…
 이연이 꽃다발을 내밀자 오 대표가 "샤베트 튤립이네요?" 하고 차분히 반색했다. 이연은 오 대표의 느긋하고 위엄 있는 목소리가 단정한 외모와 묘하게 어긋난다고 느꼈다. 어쩌면 그런 어긋남이 상대를 집중시키는 힘인지 모르겠다고도. 오 대표가 가슴에 꽃을 안고 천천히 두 사람을 안쪽으로 안내했다. (『2022 김승옥문학상 수상작품집』, 문학동네, 95쪽)

오 대표가 성민과 이연이 사온 꽃을 단번에 알아보는 대목이다. 샤베트 튤립은 오묘한 연한 핑크색인 데다 깔끔하고 고급스럽게 보여 꽃다발은 물론 부케용으로도 인기가 있다. 전량 생화로 수입하다가 국내에서 직접 키워 생산한 지 얼마 되지 않아 가격도 비싼 편이라고 한다.

그런데 파티 참석자들은 은근하게 혹은 노골적으로 계급적 격차를 드러내며 이연과 성민에게서 우월함을 확인하려 든다. 이연을 보고 "배우치고 참 소탈하신 것 같아요", "나는 연극하는 사람들 존경해. (…) 저 같은 사람은 계산기 두드리는 게 일이라" 같은 말로 동정하고 낮춰 보는 시선을 보낸다. 성민에게도 "내가 이래서 성민 씨 좋아해. 다양한 사람들과 자주 만나봐야 한다니까. 안 그러면 굳어" 같은 말로 선을 긋는다. 이런 일이 생길 때마다 성민과 이연은 구별 짓기 맥락을 빠짐없이 느끼며 움찔하

ⓒ어라운드허

샤베트 튤립은 오묘한 연한 핑크색인 데다 깔끔하고 고급스럽게 보여 꽃다발은 물론 부케용으로도 인기 있다.

거나 서로 눈을 마주친다.

  소설에는 독일 뷔히너의 희곡 「보이체크」가 화제에 오르고 이 희곡 대사도 나온다. 이를테면 성형외과 의사인 박이 "천한 사람들에겐 덕이란 게 없어요. 본능대로 행동할 뿐이죠"라는 대사를 읊으며 가난한 사람들을 한심하게 여기는 의식을 드러낸다. 한국예술종합학교 연극원 출신인 김애란은 「작가 노트」에서 언젠가 연극 관련 단편을 쓰고 싶었다고 했다.

견디다 못한 이연이 먼저 일어나려다 오 대표의 팔십 년 넘은 빈티지 잔 세트를 깨뜨리고 만다. 이연은 어쩔 줄 몰라 하는데, 오 대표 얼굴에는 잔을 잃은 서운함이나 원망 대신 묘한 만족감이, 오늘 파티에서 얻을 건 다 얻었다는 표정이 드러난다. 이를 본 이연은 오 대표가 "오늘 어땠어요?"라고 묻자 달뜬 목소리로 "좋았어요", "너무너무 좋았어요, 정말"이라고 답한다. 패배적인 반응을 유도해 다시 한번 우월감을 느끼려는 상대에게 기대와는 180도 다른 반응을 보여준 것이다. 이 소설은 2022년 김승옥문학상 우수상을 받았다.

「홈 파티」에 다른 꽃이나 식물은 나오지 않는다. 그러나 다른 꽃이 더 나올 필요는 없을 것 같다. 샤베트 튤립 하나만으로도 충분하기 때문이다. 샤베트 튤립이라는 이름이 나오면서 이 파티의 분위기, 소설 전체의 분위기를 바로 짐작할 수 있는 것이다. 김애란은 단편 「도도한 생활」에서 요즘 계급을 나누는 것은 집이나 자동차가 아니라 피부하고 치아라는 표현을 쓴 적이 있다. 샤베트 튤립은 피부와 치아처럼 사회 계급을 은연중 드러내는 소재로 쓰인 것이다.

「입동」에는 '꽃매' 맞는 부부 이야기

김애란의 다른 단편「입동」은 52개월 된 아이를 교통사고로 잃은 젊은 부부가 겪는 이야기다. 그의 네 번째 소설집 『바깥은 여름』의 첫 번째 수록작인데, 이 소설에 고무나무가 나온다.

「입동」의 젊은 부부는 52개월 된 영우를 후진하는 어린이집 차에 잃었다. 이 부부가 보험회사 직원이라는 이유로 차마 입에 담지 못할 소문을 옮기는 이웃 사람들은 부부의 상처를 더욱 후벼 판다.

> 그뒤 시간이 어떻게 흘렀는지 모르겠다. 그저 떠오르는 건 어둠. 퇴근 후 딸각, 스위치를 켜면 부엌 한쪽에서 흐느끼던 아내의 얼굴과 다시 딸각, 불을 켰을 때 거실 구석에서 어깨를 들썩이던 아내의 윤곽뿐이다. 냉장실 안 하얗게 삭은 김치와 라면에 풀자마자 역한 냄새를 풍기며 흐트러지던 계란, 거실 바닥에 떨어진 갈색 고무나무 이파리 같은 것들뿐이다. (『바깥은 여름』, 문학동네, 23쪽)

지난달, 주인공인 '나'(남편)의 어머니가 집에 다녀갔다. 집안 살림을 해주기 위해서였다. 어머니는 집 안 곳곳을

의욕적으로 쓸고 닦았고 시든 고무나무에 물을 줬다. 어머니가 온 지 열흘쯤 지났을 때, 부엌에서 '펑' 하는 소리와 함께 검붉은 액체가 폭발한다. 아이가 다니던 어린이집에서 추석 선물로 보낸 복분자액이다. 벽에 밴 얼룩은 아무리 닦아도 사라지지 않았다. 도배를 새로 할 수밖에 없었다.

입동을 앞두고 아내의 제안으로 한밤중에 도배를 시작했다. 도배하다 아내는 꽃잎 가득한 벽지와 영우의 글씨 앞에 주저앉아버린다. '나'는 아내가 동네 사람들에게 '꽃매'를 맞고 있다고 느꼈다. 많은 사람이 '내가 이만큼 울어줬으니 너는 이제 그만 울라'며 줄기 긴 꽃으로 아내를 채찍질하는 것처럼 느낀 것이다.

'꽃매'라는 말이 가슴 아프게 다가오는 것은 필자만이 아닐 것이다. 소설에 '세월호'라는 단어는 한 번도 등장하지 않지만 독자들은 세월호를 떠올릴 수밖에 없다. 세월호 사건은 2014년 봄에 발생했고 이 소설은 2014년 『창작과비평』 겨울호에 실렸다.

고무나무 삼 형제

소설에서 고무나무는 시들어가는 부부의 마음을 전하

고무나무 가운데 가장 흔한 인도고무나무. 인도가 원산지로, 수형이 깔끔하고 건조에도 강해 실내식물로 인기 있다.

고 있는 것 같다. 고무나무는 대표적인 실내식물 종류로, 주변에 흔한 고무나무는 인도고무나무·뱅갈고무나무·떡갈잎고무나무 삼 형제가 있다.

일반적으로 '고무나무' 하면 떠오르는 인도고무나무는 인도가 원산지다. 수형이 깔끔해 사무실과 거실 등 어디에나 잘 어울리는 식물이다. 잎은 두꺼운 가죽질이고 광택이 있고 끝이 뾰족한 독특한 모양이다. 새집이나 사무실에 입주했을 때 집들이 선물로 많이 보내는 나무다. 고무나무 종류는 옛날에 탄성고무를 얻을 목적으로 많이

떡갈잎고무나무는
잎이 떡갈나무 잎처럼
생겼다.

심었지만 합성고무가 나오면서 요즘에는 관상용으로 쓰고 있다.

떡갈잎고무나무는 이름에서 짐작할 수 있듯 잎이 꼭 떡갈나무 잎처럼 생겼다. 잎이 두껍고 둘레가 우글쭈글한 물결 모양이다. 역시 사무실 등 실내에서 흔히 볼 수 있는 식물이다. 열대 지방인 서아프리카가 고향이다. 그냥 떡갈고무나무라고도 부른다.

마지막으로 벵갈고무나무도 실내에서 자주 볼 수 있는데 잎맥이 뚜렷해 쉽게 알아볼 수 있다. 이름에서 알 수

벵갈고무나무는 잎맥이 뚜렷해 쉽게 알아볼 수 있다. 이 나무가 조건이 좋으면 거대한 반얀트리로 자란다.

있듯이 인도 동부가 원산지다. 우리가 흔히 반얀트리라고 부르는 나무가 바로 이 나무다. 이 자그만 실내식물이 생육 조건이 맞으면 하와이나 동남아에 있는 거대한 반얀트리처럼 클 수 있다는 사실이 놀랍다.

1980년생 김애란은 2024년 8월 『이중 하나는 거짓말』이라는 장편소설을 출간했다. 『두근두근 내 인생』 이후 13년 만에 낸 장편소설이라 이 책에서 다루어보고 싶어서 나오자마자 읽어보았다.

작가는 20대 시절 특유의 명랑함, 유머, 딴청으로 기억할 만한 작가였다. 2005년 『달려라, 아비』, 2011년 『두근두근 내 인생』, 2012년 『비행운』까지만 해도 김애란의 전매특허는 유머와 활기였다. 첫 장편 『두근두근 내 인생』은 20만 부가량 팔린 베스트셀러다. 2015년 필자가 『문학이 사랑한 꽃들』을 출간할 때 「도라지꽃을 바탕에 깐 아이」라는 제목으로 이 소설을 다룬 적이 있다. 소설도 재미있고 도라지꽃이 상징으로 나오는 장면도 선명했다. 그런데 언제부터인가 그의 소설에서 웃음기가 줄어들고 먹먹함이나 진지함이 짙어졌다.

2017년에 출간한 『바깥은 여름』부터 이런 경향이 짙어진 것 같다. 「입동」은 여기에 첫 번째로 실린 작품이다. 김애란은 한 인터뷰에서 세월호 참사에 대해 "아마도 저뿐 아니라 대부분 창작자들의 내면에 영향을 준 사건일 것"이라고 했다. 작가가 시대의 아픔을 그리는 것은 자연스러운 일이라 다음 작품을 기다렸다.

하지만 『이중 하나는 거짓말』은 읽는 내내 잘 넘어가지 않는 느낌이었다. 무엇보다 자신의 전매특허인 유머와 활기는 버린 것 아닌가 하는 생각이 들어 아쉬웠다.

작가 스타일이 달라지는 것은 필요하고 독자들도 그것을 기대한다. 그러나 작가의 장점은 살리는 게 좋은 것 같다. 차기작은 필자를 포함한 많은 김애란 팬의 기대를 어느 정도 충족하는 작품이 나왔으면 좋겠다.

윤대녕의 아몬드, 손원평의 아몬드
손원평, 『아몬드』

2023년 2월 말 스페인을 여행한 적이 있다. 아직 겨울이라 꽃을 볼 수 있을 거라는 기대는 하지 않았다. 그런데 스페인 남부엔 아몬드꽃이 피고 있었다. 꽃은 만개했을 때보다 꽃봉오리 상태에서 꽃이 피기 시작하는 즈음이 가장 예쁘다. 아몬드꽃도 가장 예쁠 때였다.

열매 아몬드는 익숙하지만, 아몬드나무는 우리나라에 없는 나무다. 유럽과 중동 등 지중해 연안에서는 겨울을 이겨내고 추위가 채 가시기 전에 꽃이 핀다. 우리나라로 치면 매화 정도인 셈이다. 이스라엘에서 아몬드나무는 2월 전후 가장 먼저 꽃이 피는 나무라는 글을 보았다. 아론의 '살구나무 지팡이'처럼 성경에 나오는 살구나무는 실제로는 아몬드나무라고 한다.

스페인에서는 재배하는 아몬드나무도 보였고 언덕 등

스페인 론다 누에보 다리 아래 계곡에 아몬드꽃이 가득 피어 있다.

야생에서 자라는 아몬드나무도 적지 않았다. 만개한 아몬드꽃은 멀리서 보면 벚꽃 같기도 하고 살구꽃 같은 느낌도 주었다. 그러나 가까이에서 보면 꽃이 꽃줄기 없이 가지에 붙은 것이 매화 비슷한 느낌을 주었다. 꽃이 만발하니 봄이라는 걸 느낄 수 있었다.

아몬드꽃을 가까이에서 본 곳은 론다라는 도시였다. 론다의 상징과도 같은 랜드마크가 누에보 다리다. 120미터 높이의 타호 협곡 위에 세워진 론다의 구시가와 신시가를 이어주는 다리다. 이 누에보 다리 아래쪽 계곡 곳곳에 아몬드꽃이 활짝 피어 있었다.

그전까지는 차창으로만 아몬드꽃을 보다가 드디어 이 계곡에 내려가 가까이에서 아몬드꽃을 볼 수 있었다. 론다는 작가 헤밍웨이가 "사랑하는 사람과 로맨틱한 시간을 보내기 좋은 곳"이라 말했을 정도로 스페인에서도 전경이 아름답기로 유명하다.『누구를 위하여 종은 울리나』를 집필한 장소이기도 하다. 헤밍웨이도 초봄에 그 계곡 산책길을 걸으며 아몬드꽃을 보았을 것 같다.

아몬드꽃 하면 고흐 그림이 생각난다. 찾아보니 고흐가 프랑스 남부 도시인 아를과 생레미에 살면서 아몬드꽃 시리즈를 그린 시기는 2월이었다. 프랑스 남부 도시들은 스페인 지중해 연안 바로 위다. 그때나 지금이나 지중해 연안에서는 2월에 아몬드꽃이 피기 시작하는 모양이다.

스페인은 아몬드 재배의 원조 국가다. 지금은 미국 캘리포니아가 가장 큰 아몬드 생산지이지만 이 아몬드나무도 스페인 출신의 프란체스코회 신부들이 1700년대에 가져다 심은 것이라고 한다.

아몬드꽃 그림 아래에서 마음 열어가는 사람들

윤대녕 소설을 읽는 재미 중 하나는 소설에 나오는 다양한 꽃을 보는 것이다.「3월의 전설」에 산수유,「천지간」

2월 말 스페인에서 만난 아몬드꽃. 꽃줄기 없이 꽃이 가지에 붙어 피어 있어 매화 비슷한 느낌을 받았다. 매화와 같은 벚나무속(*Prunus*)이다.

에 동백꽃, 「상춘곡」에 벚꽃, 「도자기박물관」에 사과꽃, 「반달」에 함초가 나오는 식이다. 그냥 스쳐 지나가는 꽃이 아니라 소설에서 중요한 역할을 하는 꽃들이다. 그가 2016년에 출간한 장편소설 『피에로들의 집』에는 아몬드꽃이 나온다.

소설은 한 실패한 연극인이 서울 성북동의 연립형 건물 '아몬드나무 하우스'에 입주하는 것으로 시작한다. 주인공은 우연히 이 집의 집사 겸 건물 1층 북카페 운영자를 맡아달라는 제의를 받는다.

> 북카페의 출입문은 건물 오른쪽에 나 있었는데 '북카페-아몬드나무'라는 조그만 나무 간판이 출입문 옆에 걸려 있는 게 보였다. (…) 출입구 맞은편 벽에는 빈센트 반 고흐의 「꽃 핀 아몬드나무」Almond Blossom라는 그림이 걸려 있어 카페 안으로 들어서면 가장 먼저 눈에 띄었다. 고흐가 정신병원에서 사망하던 해 동생 테오가 아들을 낳았다는 편지를 받고 조카의 탄생을 축복해주는 의미로 그려준 작품이었다. (…) 그제야 나는 이 많은 책들과 음반과 고흐의 그림만으로도 당분간 여기서 살아갈 이유가 생겼다는 생각이 들었다. (『피에로들의 집』, 문학동네, 35~36쪽)

「꽃 핀 아몬드나무」. 고흐가 조카의 탄생을 축복하는 의미로 선물한 그림이다.

 그 집에는 주인 노파 '마마'를 비롯해 그의 조카인 방송작가 그리고 사진작가, 대학생과 고등학생이 살고 있었다. 하나같이 마음에 상처를 갖고 있는 사람들이었다. 이들이 「꽃 핀 아몬드나무」 그림 아래에서 서로의 아픈 사연들을 하나씩 알아가며 마음을 열어가는 과정을 윤대녕 특유의 문체로 그렸다. 서로 피가 섞이지 않은 이들이 한 집에 살며 '유사 가족'을 형성해가는 것이다. 카페 손님들이 드나들며 아몬드꽃을 응시하는 장면도 여러 번 나온다.

고흐의 작품에서도 볼 수 있지만 실제로 보니 아몬드꽃은 매화 또는 살구꽃, 복사꽃과 비슷하게 생겼다. 아몬드나무가 이들과 같은 벚나무속 *Prunus*이니 꽃도 비슷한 것이 당연하겠다. 소설의 등장인물들이 저마다 간직한 상처들을 이겨내고 '자기 몫의 삶'을 회복해가는 모습이 아몬드나무가 추위를 이겨내고 꽃을 피우는 것과 닮았다.

윤대녕의 소설은 지명이나 가게 이름 등 공간에 대한 묘사가 치밀하다는 것을 느낄 수 있다. 그 과정에서 꽃도 많이 나온다. "(창경궁) 옥천교 주변에는 그새 살구꽃, 자두꽃, 앵두꽃들이 피어나고 있었다", "낙선재 능수벚나무 아래에 이르러 마마는 손수건으로 연신 이마의 식은땀을 닦아냈다"와 같은 식이다. 작가는 한 인터뷰에서 "이야기를 구성하는 데 공간의 디테일을 매우 중요하게 생각한다"며 "그것은 인물이 활동하는 실제적인 환경이고 서사의 리얼리티와도 직접적으로 관계있기 때문"이라고 했다. 그의 소설에 꽃이 많이 나오는 것은 공간의 디테일을 살리기 위한 장치 중 하나인 셈이다.

엄마는 모든 종류 아몬드 먹여보지만

아몬드꽃이 진 자리에서 가을에 맺히는 열매가 우리가 먹는 아몬드다. 손원평의 소설 『아몬드』는 '아몬드'라 불리는 뇌 편도체가 작아 감정을 잘 느낄 수도 표현할 수도 없는 소년 윤재가 주인공이다. 편도체는 크기도 모양도 아몬드를 닮았다고 한다. 그래서 제목이 『아몬드』다.

더구나 비극적인 사건으로 엄마와 할머니를 잃은 윤재는 다양한 갈등 상황에 부딪힐 수밖에 없었다. 이런 윤재가 '곤이'라는 친구, '도라'라는 여학생을 만나 특별한 우정을 쌓으며 성장해가는 이야기다.

이런 줄거리여서 소설에 아몬드꽃이나 나무는 나오지 않는다. 다만 소설에서 엄마가 미국산부터 시작해 호주산, 중국산, 러시아산까지 모든 종류의 아몬드를 윤재에게 먹이는 장면이 나온다. 아몬드를 많이 먹으면 윤재 머릿속의 아몬드도 커질 거라고 생각한 것이다. 그러나 헛된 희망만 키워가는 것이었다.

이 소설은 2017년 창비 청소년문학상 수상작이다. 1979년생 손원평 작가의 등단작이기도 한 이 소설은 청소년 필독서로 자리 잡고 성인 독자와 교사, 학부모에게도 어필하면서 출간 5년 만인 2022년 100만 부 판매를 달성했다. 작가는 2020년 영화「침입자」를 제작해 영화감독으로도 데뷔했다.

아몬드꽃과 비슷한 매화·살구꽃·벚꽃은 하얀색으로 피는 것이 비슷비슷해 구분하는 것이 쉽지 않다. 이 셋만 구분해도 꽃에 대한 이해도가 높아질 것이다.

물론 매화가 2~3월에 가장 먼저 피고, 살구꽃이 3월 말, 벚꽃은 4월 초에 피기 때문에 피는 시기로 구분할 수 있다. 하지만 겹치는 기간이 있어서 헷갈릴 수밖에 없다. 막 벚꽃이 피고 있는데 아직 지지 않은 매화도 있기 때문에 구분법을 알아두면 좋겠다.

매화와 벚꽃을 구분하는 가장 쉬운 방법은 꽃이 가지에 달린 모양을 보는 것이다. 매화는 꽃이 가지에 달라붙어 있지만, 벚꽃은 가지에서 비교적 긴 꽃자루가 나와 피는 형태다. 나중에 열매가 달리는 모습을 상상하면 이해하기 쉬울 것이다. 매실나무에는 줄기에 바로 붙어 매실이 열리고, 벚나무는 긴 꼭지 끝에 버찌가 달린다. 꽃잎 모양도 매화는 둥글둥글하지만, 벚꽃은 꽃잎 중간이 살짝 들어가 있다. 매화는 향기가 진한데 벚꽃은 향이 거의 없다는 점도 다르다.

매화와 살구꽃을 구분하는 방법은 꽃받침을 살피는 것

매화(왼쪽 위)와 살구꽃(왼쪽 아래)은 꽃이 가지에 달라붙어 피지만,
벚꽃(오른쪽)은 가지에서 비교적 긴 꽃자루가 나와 피는 형태다.
매화는 꽃이 피어도 꽃받침이 꽃을 감싸고 있지만 살구꽃은 꽃이 피면서
꽃받침이 뒤로 젖혀지는 경우가 많다.

이다. 매화는 꽃이 피어도 꽃받침이 야무지게 꽃을 감싸고 있지만 살구꽃은 꽃이 피면서 점점 꽃받침이 뒤집히는 것을 볼 수 있다. 매화는 꽃이 흰색이나 홍색이지만 살구꽃은 연한 홍색인 것도 다르다. 물론 매화는 향기가 진한 것으로 구분할 수 있지만 시각적으로도 얼마든지 구분할 수 있다.

매실나무와 살구나무는 열매가 달려 있을 때도 헷갈린다. 두 나무의 열매인 살구와 매실도 비슷하게 생겨서 육안으로 구분하기가 쉽지 않다. 익은 과육을 벗겼을 때 씨앗이 잘 분리되면 살구, 잘 분리되지 않으면 매실이다. 또 과육을 벗겼을 때 씨앗에 자잘한 구멍 없이 매끄러우면 살구, 씨앗에 바늘로 콕콕 찌른 듯한 작은 구멍이 가득하면 매실이다. 살구는 씨앗 표면이 매끄러워 과육이 잘 벗겨지고 매실은 씨앗 표면이 거칠어서 과육이 잘 벗겨지지 않는다고 생각하면 틀리지 않을 것 같다.

반려식물 해피트리
김지연, 「마음에 없는 소리」

「마음에 없는 소리」는 김지연의 첫 소설집 표제작이다. 작가의 고향인 거제로 보이는 해안가 소도시를 배경으로, 할머니가 휴업한 작은 식당을 이어받아 소고기뭇국과 멸추(멸치+고추)김밥을 메뉴로 개업하는 35세 여성의 이야기다.

고향 또래들은 어느덧 번듯하고 안정적인 삶을 찾아가는데 나는 "아무것도 안 하지는 않았는데 딱히 무얼 했다고 말하기도 어려"운 처지에 있다. 시에서 지원해주는 청년 사업의 커트라인에 딱 걸리는 나이 만 35세이지만 생일이 보름 정도 지나 지원금도 받지 못한다. 그러나 일단 식당을 개업한다.

좁은 고향 동네에는 10대, 20대 때 서로의 사정을 속속들이 아는 친구가 많았다. 이 친구들과 가끔 만나 티격태

격하는데, 그 친구들 중 하나가 개업 선물로 해피트리를 가져온다.

> 개업 날 커다란 화분을 들고 나타난 화영은 (…) 화영이 가지고 온 식물의 이름은 해피트리라고 했다. 너무 재미없는 이름이라는 생각이 들었고 어떤 과업을 떠맡은 기분도 들었다. 길을 걷다 보면 완전히 시들어버린 화분들이 가게 문 앞에 놓여 있고 유리문에는 '임대 문의'라는 종이가 붙어 있는 광경과 종종 마주칠 때가 있었다. (…) 그 장면을 떠올리자니 해피트리가 시들지 않도록 잘 가꾸어야만 식당도 망하지 않을 거라는 이상한 믿음이 생겨났다. (『마음에 없는 소리』, 문학동네, 164~165쪽)

친구들은 종종 찾아와 김밥을 포장해가고 여기저기 전화해 손님을 끌고 오기도 한다. 그러나 식당은 침체된 재래시장에 위치해 손님이 많지 않았고 감염병이 돌기 시작하면서 유동 인구는 더 줄어든다. 하루 종일 오롯이 해피트리와 식당을 지키는 날도 있었다.

식당 일은 해피트리를 돌보는 일과 함께 돌아갔다. 어느 날에는 손님이 하나도 없어 해피트리와 나만 식당을 지키기도 했다. 그래도 해피트리가 무사했으므로 식당도 망하지 않았다. (『마음에 없는 소리』, 문학동네, 193쪽)

개업 날 해피트리를 가져온 친구 화영은 아이가 학교에 입학할 나이가 되자 더 나은 교육 환경을 위해 대도시로 이사 간다. 화영은 이사 간 후에도 가끔 전화해 "보고 싶다"고 하는데, 나는 "마음에도 없는 소리 하지 마라"고 핀잔을 주지만 그 친구가 보고 싶어진다.

'해피트리 잘 가꾸어야 식당도 안 망할 것'

소설에서 직접 언급하지는 않지만 주인공 '나'가 해피트리를 나름 아끼며 돌본 것을 짐작할 수 있다. 아마 겉흙이 마를 때마다 물을 주는 등 많은 공을 들였을 것이다. 나는 "원하든 원치 않든 삶은 오랫동안 계속될 것이고 거기에는 아주 많은 공을 들여야만" 했다고 말한다. 이 정도면 해피트리는 '나'의 반려식물이라고 해도 무방하지 않을까 싶다. 친구가 '마음에 없는 소리' 하듯 개업 선물로 보냈을지 모르지만 해피트리가 세상을 함께 견디는, 생기를 주는 반려식물이 된 셈이다.

큰 사건이 생기는 것도, 개성 넘치는 인물이 나오는 것도 아니지만 소설은 술술 읽힌다. 담담하면서도 가벼운 농담과 능청이 재미있다. 요즘 청년 세대가 어떻게 생각하고 어떻게 살아가는지 알 수 있는 것도 이 소설의 장점이다. 중간에 "우리가 불행을 극복하는 방식은 태연해지는 것이었다. 낫는다는 것을 믿고 그 미래가 이미 도래한 것처럼 굴기. 그렇게 하면 반복되는 불행들을 점점 대수롭지 않게 여길 수 있었다" 같은 문장은 마음에 와닿았다.

살다가 '마음에 없는 소리'라도 하는 것이 일종의 에티켓, 인간에 대한 예의가 아닐까 싶다. 장례식장에서 상주에게 "상심이 크시겠습니다"라고 하는 것과 같이 말이다. "영혼 없는 소리 하지 마라"는 말을 들을망정 마음에 없는 소리는 세상을 사는 데 윤활유 같은 것이 아닌가 싶다.

1983년생 김지연 작가는 2018년 단편 「작정기」로 등단했고, 소설집 『마음에 없는 소리』에는 등단작을 비롯해 2021년과 2022년 젊은작가상을 받은 「사랑하는 일」, 「공원에서」 등 아홉 편을 담았다. 그중 「마음에 없는 소리」를 택한 이유는 해피트리가 나오기도 하지만 제일 마음에 가는 소설이었기 때문이다.

「굴 드라이브」도 고향에 내려가 주변 사람들과 얽히며

일어나는 일들을 다룬다. 「사랑하는 일」과 「우리가 해변에서 주운 쓸모없는 것들」에는 레즈비언 커플 얘기도 나온다.

행복나무와 녹색의 보석 나무

소설에 나오는 해피트리는 행복나무라고도 하는데 녹보수와 함께 사무실이나 식당, 거실 등에서 흔히 볼 수 있는 관엽식물 중 하나다. 녹보수는 '녹색의 보석 나무'라는 뜻이다. 근래 도입된 나무들인데, 식물학자들이 관심을 갖기 전에 유통업자들이 이름을 잘 지어서인지 승진 선물이나 식당, 카페 등 개업 선물로 많이 쓰는 나무다. 금전수와 고무나무 종류도 개업 선물로 많이 쓰는 식물이다.

해피트리와 녹보수는 비슷하게 생겨 많은 사람이 헷갈린다. 하지만 해피트리와 녹보수는 전혀 다른 나무다. 해피트리는 두릅나무과이고 녹보수는 능소화과여서 과科 자체가 다르다. 과가 다르면 꽃과 열매 등 생식 방법이 전혀 다르다.

이 둘을 구분하는 방법은 먼저 잎 모양을 보는 것이다. 해피트리 잎은 가장자리가 매끄럽고 물결 모양을 이루지

해피트리(행복나무)는 잎 가장자리가 매끄럽고 물결 모양을 이루고 굴곡이 촘촘하며 울퉁불퉁한 수피를 갖고 있다.

만 녹보수는 잎의 가장자리가 톱니처럼 뾰족뾰족하다. 그러니까 잎 가장자리에 톱니가 없으면 해피트리, 있으면 녹보수다.

잎 모양을 보는 것보다 더 쉬운 것은 수피, 특히 나무 아래쪽 수피를 보는 것이다. 해피트리는 굴곡이 촘촘하고 울퉁불퉁한 수피를 갖고 있다. 반면 녹보수 수피는 잔무늬가 있어도 매끄러운 편이다. 그러니까 수피에 잔굴곡이 촘촘하면 해피트리, 굴곡 없이 매끄러우면 녹보수다.

인터넷을 검색하다 보면 해피트리에 꽃이 피었다는 글

녹보수는 잎 가장자리에 톱니가 있어서 **뾰족뾰족**하고,
수피는 잔무늬가 없지 않지만 매끄러운 편이다.

과 사진을 볼 수 있는데, 필자가 본 것은 전부 녹보수꽃이 핀 것이었다. 녹보수는 국내에서도 조건이 맞으면 꽃이 피는데, 능소화과답게 능소화 비슷한 연노란색 꽃을 볼 수 있다. 해피트리는 두릅나무과여서 두릅나무처럼 잎자루 기부가 부풀어 있다. 열대·아열대 지역에서 핀 꽃 사진을 검색해보면 정말 두릅나무꽃과 비슷하다.

녹나무가 있는 정원

이 소설집 『마음에 없는 소리』에 나오는 다른 소설 「작정기」에는 녹나무가 나온다. '나'는 친구 원진과 일본 여행을 가기로 했지만, 갑자기 원진의 할아버지가 돌아가시면서 혼자 여행을 떠난다. 일본에 도착한 첫날 '나'는 우연히 일본인 여자 '유코'와 만나 얘기하는데 통역 문제 때문인지 유코는 '나'가 죽은 친구를 대신해 여행을 왔다고 오해한다.

'나'는 오해를 바로잡지 않는다. 그런데 얼마 지나지 않아 원진이 갑작스레 사고로 죽으면서 '나'는 그때 자신이 오해를 바로잡지 않은 것이 원진의 죽음을 재촉한 것은 아닐까 하는 죄책감에 빠진다. 녹나무는 유코를 만난 다음에 찾아간 여행지 중 하나에 있었다.

"다케오는 녹나무를 보러 간 것이지요?"
거기엔 삼천 년을 살았다는 나무가 있었다. 나무 주위로 울타리를 쳐놓아 가까이 다가갈 수는 없었지만 나는 그 앞에 서서 단체관광을 온 무리들이 몇 차례씩 바뀔 때까지 한참이나 떠나지 못했다. 그 앞에 서자 내가 줄곧 그곳에 오고 싶어 했다는 것을, 그 나무를 보고 싶어 했다는 것을 알 수 있었다. (『마음에 없는 소리』, 문학동네, 118쪽)

녹나무의 어린줄기는 녹색을 띤다. 남부 지방에 자생하며 제주도에서는 가로수로도 볼 수 있다.

그런데 몇 달 뒤 한국에 방문한 유코는 '나'에게 자신이 만든 정원 모형을 건넨다. 친구가 죽었다고 한 내 말을 마음속에 간직하다 다케오 신사의 녹나무가 있는 정원에 '나'와 원진이 서 있는 작은 모형을 만든 것이다. 그제야 '나'는 오래 참았던 눈물을 흘리고 이후 다시 일본 여행을 떠날 수 있게 된다. 문학평론가 강지희는 이 책 해설에서 "삼천 년을 살았다는 녹나무 모형은 시공간을 기이하게 확장시키며 그 속에서 원진과 '나'는 영원히 함께하는 것처럼 보인다"고 했다.

녹나무는 잎에 3주맥이 뚜렷하고 주맥과 측맥이 만나는 곳에
샘점이 있는 것으로 구분할 수 있다.

 소설에 나오는 녹나무는 일본 규슈 사가현 다케오 신사에 있다. 높이 27미터, 둘레 26미터에 달하는 거목이라고 한다. 일본에는 녹나무 거목이 많아 히가시노 게이고의 소설 『녹나무의 파수꾼』과 『녹나무의 여신』에서 보듯 일본 소설에도 많이 등장한다.

 녹나무는 우리나라에서도 제주도와 남해안 일부 섬에서 자생한다. 제주 시내와 서귀포에 가로수로 심어놓았고 공원이나 관광지에 꽤 많이 심어놓은 것을 볼 수 있다. 녹나무는 현재 제주시 가로수의 3.9퍼센트를 차지한다. 제주도 가로수 중에서 회갈색 나무껍질이 세로로 갈라지는 나무가 있으면 녹나무라고 봐도 틀리지 않을 것이다. 녹나무는 또 잎에 뚜렷한 3주맥(한 개의 주맥과 두 개의 측맥)을 갖고 있고 주맥과 측맥이 만나는 곳에 샘점이 있는 것으로 구분할 수 있다. 녹나무라는 이름은 어린나무의 줄기가 녹색을 띠는 데서 유래한 것이다. 나무 전체에서 독특한 향기가 나는데, 사람의 마음을 진정시키는 효과가 있다고 한다.

꽈배기처럼 뒤틀렸지만 잎은 풍성한 나무
김멜라, 「나뭇잎이 마르고」

김멜라의 단편 「나뭇잎이 마르고」에서 주인공 앙헬은 어느 날 몇 년 만에 선배 '체'의 전화를 받는다. 체는 자신의 고향 집에 한번 내려와달라고 부탁한다. 보름째 단식 중인 할머니가 앙헬을 보고 싶다고 하니 거절할 수가 없다. 소설은 앙헬이 공주에 가서 체를 만나면서 과거를 회상하는 형식이다.

앙헬은 체와 대학 때 같은 동아리 멤버였다. 일 년에 서너 번 산에 올라 장뇌삼 씨를 뿌리고 오는 동아리였다. 돌보거나 수확하지 않고 뿌린 위치도 기록하지 않았다. 그저 장뇌삼 씨앗이 발아해 산삼이 될 때쯤이면 "동성결혼이 합법화되고 여자와 여자 사이에서도 아이를 낳을 수 있"고 "기술의 눈부신 발전으로 장애인도 마음껏 운전하고 바다에서 서핑할 수 있"기를 바랄 뿐이다.

체는 어릴 때 다쳐서 장애를 갖고 있다. 왼쪽 다리가 짧아 웨이브를 그리며 걷거나 뛰었고 발음이 부정확해 그가 하는 말을 바로 알아듣기 힘들었다. 하지만 "체는 모든 것을 다해 말했고 모든 것을 다해 웃었다".

한편으로 "체는 색채에 민감했고 그 색들을 조화롭게 자신의 몸에 배치할 줄 알았다". 시와 전시회를 좋아했고 소규모 클럽에서 밴드 연주를 들으며 버드와이저 마시는 걸 즐겼다. 정치나 역사 문제에도 관심이 많았다. 체는 사람들의 마음을 열고 자기에게 우호적으로 만들 줄도 알았다. 술자리에서 분위기를 띄우며 사람들의 빈 잔을 채워주었고 모임 때마다 고부라진 손으로 카드를 꺼내 계산했다. 그래서 체와 함께 학교를 걸을 때면 인사를 받느라 적어도 서너 번은 멈춰야 할 정도였다. 그렇지만 거기까지였다. 사람들은 체에게 친근히 대하지만 너무 가깝지는 않은 거리를 유지했다.

앙헬은 체가 술에 취하면 가장 먼저 챙겨주는 가까운 사이였다. 체의 8월 졸업식에 가족 외에는 유일하게 참석해 하트 모양 풍선과 연푸른 수국을 건네기도 했다. 하지만 일정한 거리를 두는 것은 앙헬도 마찬가지였다.

체는 "여자와 나누는 사랑을 원했고 그 욕망을 부끄러

워하지 않았다". 체는 여자를 사랑하는 것은 영혼에 새겨진 주름이라고 했다. 어느 날 체는 앙헬에게 결혼하자고 말한다. 학생회관 옥상 소파에 앉아 바람에 흔들리는 버드나무 가지를 보며 술을 마시고 있을 때였다. 체는 예술과 신 그 두 가지에 관해 끝없이 얘기를 나눌 수 있기를 원했고 섹스는 상관없다고 했다. 앙헬은 "아니, 난 그것도 중요해요"라는 말로 차갑게 거절한다.

속살 썩었지만 꿀 바른 듯 윤이 난 잎들

그럼에도 체는 사람들에게 마음을 주는 걸 멈추지 않았다. 하지만 어느 날부터 앙헬은 체의 전화를 받지 않았다. 앙헬은 그 이유를 인과적으로 타당하게 설명할 수 없으며 합당한 이유도 찾을 수 없다는 것을 받아들였다. 소설은 산비탈에 서 있는 메마르고 병든 나무 한 그루를 그리며 끝난다.

그리고 그 나무를 보았다. 산비탈에 서 있던, 한눈에도 메마르고 병들이 보이던 나무. 잎을 펼치고 열매를 맺은 일이 고달프다는 듯 꽈배기처럼 몸을 뒤틀며 자란 나무. 다가가 굵은 줄기를 어루만지자 과자 조각처럼 껍질이 부서졌다. 그 껍질 속으로 검게 썩은 속살이 보였다. 그런데도 가지에 달린 잎만은 풍성해 둥근 잎들이 마치 꿀을 바른 듯 윤이 났다. (『2021 제12회 젊은작가상 수상작품집』, 문학동네, 102쪽)

꽈배기처럼 몸이 뒤틀렸지만 잎만은 풍성하고 꿀을 바른 듯 윤이 나는 이 나무를 체와 겹쳐 생각하는 것은 자연스러울 것 같다. 이 꽈배기 나무가 이 소설의 상징처럼 그려져 있다고 해도 무방하지 않을까.

「나뭇잎은 마르고」에는 동성애적 요소가 많이 나오지 않고 스치듯 지나가는 정도다. 한편 이 소설이 들어 있는 소설집 『제 꿈 꾸세요』에 있는 다른 단편 「저녁놀」, 「링고링」, 「내 꿈 꾸세요」 등에는 동성애적 묘사가 많이 나온다.

이 책에 소개할 김멜라의 작품으로 「나뭇잎이 마르고」를 생각하고 있던 차에 작가가 「이응 이응」으로 2024년 젊은작가상 대상을 받았다. 둘 중 뭘 선택해야 할지 상당히 망설였다. 유명세로 보면 「이응 이응」을 쓰는 것이 좋겠지만, 필자는 감동적인 면에서나 나무가 상징적으로 나오는 점에서나 「나뭇잎이 마르고」에 더 마음이 갔다.

작가가 장애인이자 성소수자인 주인공을 따스하게, 때로는 당차게, 예술과 역사에 관심 있는 인물로 그린 점이 좋았다. 그러면서도 장애인으로서 갖는 아픔을 충분히 공감할 수 있게 그렸다. 이 소설을 읽고 뭉클한 감동이란 이런 것이구나 하는 생각이 절로 들었다. 인간에 대한 존중이 무엇인지 생각하게 하는 점도 좋았다.

"멜라가 무슨 뜻이에요?"

그렇다면 이 꽈배기 나무는 어떤 나무일까. 구체적인 힌트는 산비탈, 잎에 둥글고 윤택이 있다는 것 정도밖에 없다. 상록수 잎에는 윤택이 있는 나무가 많지만 소설의 흐름으로 보아 이 나무는 낙엽수일 것 같다. 낙엽수 중에는 잎에 광택이 있는 나무가 흔치 않다. 소설을 읽으며 오리나무를 떠올렸다. 오리나무는 산에 있는 낙엽수 중 드물게 잎에 광택이 있기 때문이다. 하지만 소설 속 묘사가 구체적이지 않아 자신할 수 없다.

오리나무는 주변 산에서 만날 수 있는 나무다. 원래는 산 아래 낮은 쪽에 많은 나무였는데, 이곳이 농사짓거나 집을 짓고 사는 데도 좋은 땅이라 서식지를 잃어가면서 이제는 보기 쉽지 않은 나무가 됐다. 이 나무는 목재가 적

오리나무는 물오리나무와 달리 잎의 끝이 뾰족한 긴 타원형이고, 가장자리에 불규칙한 잔톱니가 있고 측맥이 7~11쌍이다.

당히 단단하고 다루기 쉬워 나막신 등 조각재로 널리 쓰였다. 하회탈도 오리나무로 만든 것이다.

오리나무 하면 생각나는 것 중 하나가 이름 유래가 '5리마다 심은 나무'라는 속설이다. 하지만 일부러 5리마다 나무를 심었다기보다는 햇빛을 좋아하는 나무여서 길을 따라 걷다 보면 5리쯤마다 만날 수 있는 나무라는 해석이 더 설득력 있는 것 같다.

요즘에는 오리나무보다 물오리나무를 더 자주 볼 수 있다. 산림 조성용으로 많이 심은 데다, 적응력이 뛰어나 토

물오리나무는 산에서 소나무나 참나무 다음으로 흔히 볼 수 있는 나무다.
잎이 원형에 가까워 금방 식별할 수 있고 작은 솔방울 모양 열매도 친숙하다.

양 습도가 조금 부족한 곳이나 일조량이 충분하지 않은 곳에서도 잘 자라기 때문이다. 우리 주변 산에서 소나무나 참나무 다음으로 흔히 볼 수 있는 나무 중 하나다. 서울 근교의 산, 특히 북한산에는 물오리나무가 정말 많다. 물오리나무는 척박한 곳에서도 잘 자라 공중의 질소를 고정시켜 땅을 비옥하게 하는 고마운 나무이기도 하다. 오리나무 잎은 보통 나뭇잎처럼 끝이 뾰족한 긴 타원형인데, 물오리나무 잎은 거의 동그란 원형에 가까워 금방 식별이 가능하다.

사방오리는 잎이 오리나무와 비슷한데 측맥이 13~17쌍이다. 일본 원산으로 1940년쯤 들여와 남부지방에 사방조림용으로 심은 나무다.

　사방오리는 남부 지방에서 자주 볼 수 있다. 일본 원산으로, 1940년쯤 들여와 남부 지방에 사방조림용으로 심었다고 한다. 잎이 오리나무 비슷한데 측맥이 13~17쌍으로 더 많다. 오리나무 종류는 모두 작은 솔방울 같은 열매를 달고 있어서 다른 나무와 쉽게 구분할 수 있다.

　이 소설에는 '꽈배기 나무' 말고도 많은 꽃과 나무가 나온다. 동아리방이 있는 옥상에서 보이는 버드나무도 여러 번 나와 관심 있게 읽었다. 「이응 이응」에서도 '잘생긴 나무'가 나온다. 다만 나뭇잎이나 열매를 보며 나무의 이름을 알려고 애쓰지 않을 뿐이다.

「나뭇잎은 마르고」에서 나무 이름을 특정하지 않은 것도 작가가 의도적으로 그렇게 한 것 아닌가 하는 생각이 들었다. 어떻든 작가가 그냥 나무가 아니라 "신호등 옆에 선 주목", "길을 따라 측백나무 화분들"(「내 꿈 꾸세요」) 같은 식으로 쓰는 것으로 보아 식물에 대해 상당한 관심을 갖고 있는 것은 확실하다.

김멜라는 1983년 서울 출신으로 2014년에 등단했다. 소설집 『적어도 두 번』, 장편소설 『없는 층의 하이쎈스』 등을 출간했다. 숭실대 문예창작과를 졸업했는데 「나뭇잎은 마르고」에 나오는 버드나무와 학생회관 옥상 풍경은 이 대학 풍경이 아닐까 싶다.

2024년 봄 서울 정독도서관에서 김멜라 작가 강연을 들은 적이 있다. 강의실에 들어서자 단아한 체격에 짧은 머리를 한 여성이 기다리고 있었다. 밀란 쿤데라, 버지니아 울프, 루스 베네딕트 등 다양한 국내외 작가의 글을 예를 들며 강의하는 것을 들었다. 아직도 '어떻게 살아야 할까'라는 질문이 따라다녀 위인전이나 평전도 즐겨 읽는다고 했다.

작가가 가장 많이 받은 질문이 "멜라가 무슨 뜻이에

요?"라고 한다. 본명(김은영)은 따로 있고 '멜라'는 필명이다. 이 필명은 제주 방언인 '멜르다'에서 가져왔는데 '찌그러지게 하다'는 뜻이라고 한다. 작가의 에세이집 『멜라지는 마음』을 보면 제주 출신인 연인을 짓눌렀을 때 "멜르지 마~"라고 말하는 것을 듣고 정한 필명이라고 한다.

꽃양배추처럼 요즘도 있고 그때도 있었던 것
박상영, 『대도시의 사랑법』

> 그는 화단에 가까이 서더니 개나리꽃 줄기를 따다가 자기 셔츠 앞주머니에 꽂았다. (…) 별것도 아닌 걸로 토라진 나는 그와 세 발짝쯤 떨어져 걸었다. 그는 다가와 자기 앞주머니의 개나리를 내 귀에 슬쩍 꽂아놓고는 아이폰으로 내 사진을 찍었다. 나는 사진을 보는 척하며 장난으로 그를 안았고, 그는 진심으로 질색하는 표정을 지으며 펄쩍 뛰었다. 나는 그런 그의 모습을 보며 상심하다가 귀여워하다가 짜증이 나다가 초 단위의 감정기복을 반복했다.
> (『대도시의 사랑법』, 창비, 129쪽)

박상영의 연작소설 『대도시의 사랑법』 중 「우럭 한점 우주의 맛」에 나오는 장면이다. 사랑싸움을 하는 듯한 두 사람은 남녀가 아니라 남남 커플이다. 이 소설은 남자들끼리의 사랑이 큰 줄기를 이루는 퀴어소설이다.

개나리꽃 따다 슬쩍 귀에 꽂아주는 사이

이 소설집에는 모두 네 편의 중·단편이 나오는데 주인공이 동일하다.「우럭 한점 우주의 맛」에서 암 투병 중인 엄마를 간병하면서 지내는 주인공 '영'은 5년 전 사귄 띠동갑 형의 편지를 받는다. 그는 알면 알수록 불가사의한 인물이었다. 학생운동을 한 과거에 사로잡혀 영이 미국을 좋아한다며 꾸짖고, 자신이 '게이'라는 게 드러날까 봐 노심초사한다. 앞의 인용문도 영이 공원에서 애정 표현을 하자 사람들이 볼까 봐 질색하는 장면이다.

소설에서 엄마는 '40년 차 기독교인'이다. 엄마는 영이 고1 때 놀이터에서 두 살 위 형과 키스하는 것을 목격하고 아들을 정신병원에 입원시킨다. 그 과정에서 의사가 내린 결론은 오히려 영이 아니라 엄마의 치료가 시급한 상황이라는 것이었지만 엄마는 아직도 그때 아들을 잘 보살펴주지(치료해주지) 못한 것을 후회한다. 영은 그 일에 대해 엄마에게 사과를 받고 싶지만, 말기 암 환자여서 기대할 수 있는 상황이 아니다.

이 소설은 동성애도 인간이 인간을 사랑하는 것뿐이고

이른 봄에 피어 봄을 알리는 개나리. 우리 특산식물이지만 아직 자생지를 찾지 못한 특이한 식물이다.

지구의 자전이나 태양의 흑점처럼 너무나 자연스러운 우주의 현상이라는 생각을 반복해 드러낸다. 또 언제나 있는 것들이라고 했다. 꽃배추가 그걸 드러내는 소재 중 하나로 쓰인다.

엄마는 내 말을 들은 체 만 체하며 화단 쪽으로 걸어갔다. 어머, 이런 게 있네. 엄마가 허리를 숙이고 주의 깊게 보는 건 꽃배추였다. 생긴 건 배추 모양인데 보라색이며 붉은빛을 띠는 게 조금 생경하게 느껴졌다. (…)

꽃양배추처럼 요즘도 있고 그때도 있었던 것 183

"그 시절에도 꽃배추가 있었구나."

"있지. 요즘 있는 건 그때도 다 있었지."

나는 언제나 있는 것들을 생각하며 엄마를 부축해 병원으로 돌아갔다. (『대도시의 사랑법』, 창비, 142~143쪽)

이 소설집은 2021년 신동엽문학상을 받았고, 2022년에는 부커상 인터내셔널 부문 후보, 2023년에는 국제 더블린 문학상 후보, 2024년 프랑스 메디치상 외국문학 부문 1차 후보에도 올랐다. 그중 「우럭 한점 우주의 맛」은 2019년 문학동네 젊은작가상 대상을 받았다. 이 소설이 동성애 관련 얘기 말고도 끝없이 자기소개서를 쓰는 청년의 일상 그리고 말기 암 환자인 엄마와의 관계를 통해 삶과 죽음에 대해 깊이 있게 성찰하고 있기 때문에 좋은 평가를 받은 것 같다.

특히 멀어지고 싶은 엄마와 화자인 영이 자꾸 겹치는 것을 포착해낸 것이 인상적이었다. 예를 들어 "(어릴 적) 너를 안고 있으면 세상을 다 가진 것 같았는데"라는 엄마와 "그를 안고 있는 동안은 세상 모든 것을 다 가진 것 같았는데"라는 영의 마음이 겹쳐진다.

"아님 말고", "그러거나 말거나"

소설집 맨 앞에 있는 단편 「재희」는 게이 남성이 자유분방하게 사는 대학 동기 재희라는 여성과 동거하는 독특한 이야기다. 두 사람이 겪는 다양한 에피소드를 따라가다 보면 "게이로 사는 건 때론 참으로 좆같다는 것"에, "여자로 사는 것도 만만찮게 거지 같다는 것"에 어느 정도 동의하지 않을 수 없다.

2024년 10월에 개봉한 「대도시의 사랑법」은 이 단편 「재희」를 중심으로 만든 영화였다. 재희 역할을 맡은 김고은 등 배우들이 연기를 잘해서인지 영화가 재미있고 전하려는 메시지도 잘 드러나 있었다. 비슷한 시기에 박상영 작가가 극본을 써서 8부작 드라마로도 만들어져 티빙에서 공개됐다.

재희는 소설에 나오는 표현에 따르면 정조 관념이 희박한 여성이다. 입버릇처럼 하는 말은 "아님 말고"다. 결혼도 하자니까 한번 해보는 거고 "아님 말고"다. 단편소설 「대도시의 사랑법」에서 주인공의 상대남인 규호가 자주 하는 "그러거나 말거나"와 비슷한 말이다.

임신 중절 수술을 하러 산부인과에 가서도 재희는 주눅 들지 않는다. 의사가 이렇게 살지 말라고 충고하자 "수

술해줄 건지 말 건지나 말해주세요"라고 따지다 진료실에 놓인 자궁 모형을 들고 뛰쳐나올 정도다. 소설에서는 달려나온 간호사의 하소연에 돌려주지만 영화에서는 자신의 책상에 장식물로 꽂아두고 결정적일 때 써먹는다.

겨울 화단의 퀸, 꽃양배추

서울시청 앞 광장과 광화문광장은 원예종 식물의 경연장이다. 꽃들이 상당히 빠른 간격으로 새롭게 바뀌는 곳이다. 원예하는 분에게 들었는데, 이곳에 새로운 원예종을 보급하려는 경쟁이 굉장히 치열하다고 한다. 그런 서울시청 앞 광장과 광화문광장도 늦가을에 접어들면 한 종류가 장악하다시피 하는데 바로 '꽃양배추'다. 그만큼 꽃양배추가 이 시기에 가장 적합한 식물이라는 뜻이다. 겨울 화단의 퀸은 꽃양배추인 것이다.

소설에 나오는 꽃배추의 정식 이름(추천명)이 꽃양배추다. 꽃양배추는 늦가을에 들어서면서 온도가 낮아지면 잎이 진분홍색, 분홍색, 적색, 유백색 등 다양한 색을 띤다. 이런 알록달록한 잎이 꽃처럼 보여 꽃이 없는 겨울에 꽃을 대신할 수 있는 것이다.

꽃양배추의 학명은 '*Brassica oleracea* L. var. *sabellica* L.'

꽃양배추는 온도가 낮아지면 잎이 진분홍색 등 다양한 색을 띠어 꽃처럼 보인다. 꽃이 없는 겨울에 꽃을 대신하는, 겨울 화단의 퀸이다.

이다. 양배추와 속명·종소명은 같고 'var.'이라는 표시가 있는 것은 양배추의 변종으로 취급한다는 뜻이다. 속명인 브라시카*Brassica*는 우리말로 '배추속'이다.

꽃양배추는 다른 일년초보다 추위를 잘 견딘다. 그러나 내한성이 강할 뿐 생육에 적당한 온도는 10~20도라고 한다. 꽃양배추도 5도 이하에서는 생육이 멈추고 영하 10도 이하에서는 동해凍害를 입는다. 꽃양배추에 대한 글을 보면 '영하의 날씨에도 얼지 않는 게 신기하다', '추위에도 끄떡없는 식물' 같은 표현을 볼 수 있는데 사실은 그렇지

4월에 꽃이 활짝 핀 꽃양배추. 배추처럼 노란색 꽃이 피었다. 꽃양배추는 겨울에 잎을 보는 식물 같지만 봄에 어엿하게 꽃이 피는 식물이다.

않다는 것이다. 겨울 길거리꽃을 대표하는 식물이라 추위를 견디는 특별한 비법이 있지 않을까 궁금했다. 그래서 부지런히 공부해보았지만, 그런 비법은 없는 것 같다. 꽃양배추도 추위에 힘들고 타격을 받지만 그나마 잘 견디는 것이다.

꽃양배추도 조건이 맞으면 당연히 꽃이 핀다. 어느 해 4월 중순 꽃양배추꽃을 보았다. 40~50센티미터 정도로 꽃대를 길게 올려 화사한 꽃을 피우고 있었다. 일반 배추의 꽃과 같은 노란색 꽃이었다. 꽃양배추가 잎이 아닌 본

연의 기관(꽃)으로 자기 정체성을 드러낸 것이다.

문단의 화두는 페미니즘과 퀴어

동성애를 본격적으로 다룬 퀴어소설이 한국 문학의 한 흐름으로 자리 잡고 있다. 박상영과 함께 김봉곤이 대표적인 게이소설을 쓰는 작가였으나 김봉곤은 소설에 사생활을 무단으로 노출시켰다는 논란을 겪으면서 주춤한 상태다. 방민호 서울대 교수는 한 월간지 인터뷰에서 "2018년 즈음 '미투'Me too 운동이 시작되면서 문단의 화두가 페미니즘, 퀴어Queer로 넘어갔다"며 "지금의 페미니즘, 퀴어문학이 앞으로 30년은 더 갈 것"이라고 말했다.

박상영은 1988년 대구에서 태어나 성균관대에서 공부하고 2016년 문학동네 신인상을 수상하며 등단했다. 첫 소설집 『알려지지 않은 예술가의 눈물과 자이툰 파스타』에 이어 『믿음에 대하여』, 장편소설 『1차원이 되고 싶어』 등을 냈다. 박상영은 파격적인 소재를 다루지만 매끈하고 유머러스한 글쓰기를 하면서 그 안에 깊은 성찰을 담아낸다는 평가를 받는다. 2020년 KBS의 교양 프로그램 「역사저널 그날」에 고정 패널로 출연하기도 했다.

함께 살아가는 사람들의 꽃들

사람들 북적이는 곳마다 피는 목련
김기태, 『두 사람의 인터내셔널』

2024년 동인문학상을 받은 김기태의 이름 앞에는 '한국 문학의 가장 뜨거운 신인'이라는 수식어가 붙어 있다. 2022년 동아일보 신춘문예로 등단할 때부터 '범상치 않은 작가의 출현'이라는 평을 받았다. 이후 작품을 낼 때마다 주목을 받으며 젊은작가상, 이상문학상 우수상 등을 받았다.

김기태는 이제 첫 소설집 『두 사람의 인터내셔널』을 출간한 작가치고는 이례적인 관심과 찬사를 받고 있다. 신인 작가의 경우 여성이 대세인 시대에 귀한 남성 작가이기도 하다.

아홉 편의 평범한 사람들 이야기

이 소설집에는 단편소설 아홉 편이 실렸다. 공통점이 있다면 현실적인 소재와 주변에서 본 듯한 평범한 인물을 담고 있다는 점이다. 그의 소설을 읽으면서 '이런 것도 쓸 수 있구나', '이렇게도 쓸 수 있구나' 하는 생각이 들었다.

「롤링 선더 러브」는 일반인 데이트 예능 프로그램에 출연한 여성이 겪는 이야기이고, 「보편 교양」은 입시 위주의 제도하에서 교육을 고민하는 교사의 이야기다. 「전조등」은 이런 작가의 스타일을 가장 압축적으로 보여주는 작품인 것 같다. 이 소설의 주인공은 그가 쓰고 있는 '네모나지도 둥글지도 않은 안경'처럼 특별히 모나지 않은 삶을 사는 가장이다. 안정적인 직장, 적당한 수준의 경제력, 교양 있고 예의 바른 태도를 갖고 있다. 그럼에도 그의 삶이 연극 같다는 느낌, 위태롭다는 느낌을 갖게 하는 것이 이 소설의 깊이인 것 같다.

무엇보다 그의 소설은 재미있다. 평범한 사람들의 이야기에 대중가요와 인터넷 유행어 등을 적극적으로 활용해 재미있게 쓰면서 그 속에 삶의 의미를 담아낸다. 어떻게 보면 작가가 소설의 한 장르를 개척한 것 같다. 그의 소설을 읽으면 등단 직후의 김애란 소설을 읽는 것 같은 느낌이 드는 이유일 것이다.

표제작 「두 사람의 인터내셔널」은 진주와 고려인 가족

출신인 니콜라이라는 가난한 변두리 연인 이야기다. 두 사람은 중학교 교무실에서 같이 흰 봉투를 받으며 처음 마주했다. 봉투 안에는 돈을 내라는 안내문이 있었다. 진주는 기회균형 전형으로 대학에 진학했지만 번듯한 직장에 취직하지 못해 대형마트에서 일하고, 니콜라이는 특성화고를 마치고 공장에서 일한다. 니콜라이가 한국 영주권을 신청할 수 있는 연소득은 3,800만 원이다. 두 사람 모두에게 아직 먼 얘기다.

둘은 경기 동남부의 한 도시에서 우연히 다시 만나 동네 친구에서 밥 친구를 거쳐 동거에 이른다. 소설은 큰 사건 없이 이런 이들의 일상을 따라간다. 그럼에도 중간중간 재미있는 표현이 등장해 웃음이 나오는 경우가 많다. 예를 들어 둘은 연락할 때 엄지를 치켜든 개구리, 펭수 이모티콘이나 '묻고 더블로 가!', '군침이 싹 도노' 같은 인터넷 밈meme을 주고받는다.

'인터내셔널'이 들어가는 특이한 제목은 국제노동자의 노래인 「인터내셔널가」에서 따온 것이다. 진주가 주말에 방에 누워 있다고 하자 니콜라이가 '기립하시오 당신도!'라는 이모티콘을 보낸다. 그러자 진주는 이 문구의 유래가 궁금해 구글에서 검색해보고, 독일 시인 브레히트의 시에 나온다는 것을 알아낸다. 여기서 다시 「인터내셔널 가」에 이르러 이 노래를 자주 듣게 되는 식이다.

소설마다 등장하는 목련

그의 소설에는 꽃이나 나무, 식물이 잘 나오지 않는다. 「롤링 선더 러브」에 맹희가 올린 블로그 포스팅 중 하나가 "보도를 덮은 은행잎"이고 「보편 교양」에서 주인공 교사의 책상에 "저녁 산책을 하다 구입한 스투키"가 놓여 있는 정도다. 스투키는 길쭉길쭉한 모양의 산세베리아속 실내식물로, 생명력이 강해 초보 식물 집사들에게 인기 있는 식물이다.

그럼에도 공통적으로 찾을 수 있는 꽃이 목련이다. 그의 단편 곳곳에서 목련이 나온다. 우선 「두 사람의 인터내셔널」에서 진주와 니콜라이가 중학교 때 흰 봉투를 받으러 처음 교무실에 갔을 때 목련이 피어 있었다. 목련이라는 단어가 나오지 않지만 목련임이 분명하다.

교문에 들어서서 걷는 길에는 흰 꽃이 피는 나무들이 있었다. 나무의 이름은 몰랐으나 때가 되면 바람에 흩날리는 희고 풍성한 꽃잎들은 기억에 남았다. (『두 사람의 인터내

목련은 제주도와 남해안에서 자생하는 우리 나무다. 목련은 꽃잎이 활짝 벌어지고 꽃잎 바깥쪽 아래에 붉은 줄이 선명하다.

서널』, 문학동네, 113쪽)

「보편 교양」에도 비슷한 장면이 나온다.

4월이 되자 완연히 따뜻해진 날씨에 꽃나무들이 만개했다. 고전읽기 교실은 2층이라 창밖으로 손을 뻗으면 하얗고 부드러운 꽃잎들을 손으로 만질 수도 있을 듯했다.
(『두 사람의 인터내셔널』, 문학동네, 160쪽)

4월 초 교정에 피는 하얗고 부드러운 꽃은 목련일 것이다. 「롤링 선더 러브」에서 주인공이 출연한 데이트 예능은 마당에 하얀 꽃이 가득할 때 촬영했다.

'솔로농장' 19기 녹화 첫날. 미풍을 맞으며 맹희는 펜션 앞마당에 입장했다. 마당을 둘러싼 나무들에 하얀 꽃이 가득했다.
"남쪽이라 목련이 빨리 피었나보다."
(『두 사람의 인터내셔널』, 문학동네, 57쪽)

주인공 담당 피디는 속마음 인터뷰를 할 때 "펜션 뒷마당의 풍성한 목련나무 아래"에 주인공을 앉혔다. 주인공은 "벤치에 등을 기대고 까만 밤하늘과 하얀 목련을 올려다보니 가슴이 트였다"고 했다. 하나 더 있다. 「로나, 우리의 별」에서 케이팝 스타 로나가 낸 정규 2집 앨범 제목이 '목련'이고 로나의 열성팬 중 하나는 '목련러너'였다.

이처럼 그의 소설 곳곳에 목련이 많이 나오지만 이 목련이 소설 속에서 주요 소재나 상징으로 쓰인 것 같지는 않다. 그렇지만 자주 나오는 것은 사실이다. 목련은 주변에 흔한 꽃이고 평범한 사람들의 이야기라 평범한 꽃인

백목련은 도시공원이나 화단에서 흔히 볼 수 있다. 오래전부터
이 땅에서 자라긴 했지만 중국에서 들여와 관상용으로 가꾼 것이다.

목련도 자주 등장하는 것 같다.

목련은 연꽃 같은 꽃

목련木蓮이라는 이름은 연꽃 같은 꽃이 피는 나무라고 붙인 것이다. 우리가 도시공원이나 화단에서 흔히 보는 목련의 정식 이름은 백목련이다. 백목련은 오래전부터 이 땅에서 자라긴 했지만, 중국에서 들여와 관상용으로 가꾼 것이다. 이름이 '목련'인 진짜 목련은 따로 있다. 더구나 진짜 목련은 제주도와 남해안에서 자생하는 우리 나무다.

사람들 북적이는 곳마다 피는 목련

자목련은 꽃잎 안팎이 모두 자주색이다.

진짜 목련이 중국에서 들어온 백목련에 이름을 빼앗긴 셈이니 억울할 법하다.

목련은 백목련보다 일찍 피고, 꽃잎은 좀더 가늘고, 꽃 크기는 더 작다. 백목련은 원래 꽃잎이 여섯 장이지만 석 장의 꽃받침이 꽃잎처럼 변해 아홉 장처럼 보인다. 목련 꽃잎은 여섯 장에서 아홉 장이다. 또 백목련은 꽃잎을 오므리고 있지만, 목련은 꽃잎이 활짝 벌어지는 특징이 있다. 무엇보다 목련에는 바깥쪽 꽃잎 아래쪽에 붉은 줄이 나 있어서 쉽게 구분할 수 있다.

자주색 꽃이 피는 목련도 두 종류가 있다. 꽃잎 안팎이

자주목련은 꽃잎 바깥쪽은 자주색, 안쪽은 흰색이다.

모두 자주색인 목련을 자목련, 바깥쪽은 자주색인데 안쪽은 흰색인 목련은 자주목련이라 부른다.

여름이 시작할 무렵인 5~6월 산에 가면 목련처럼 생긴 싱그러운 꽃을 볼 수 있다. 정식 이름은 함박꽃나무이고 흔히 산목련이라고도 부른다. 목련은 위를 향해 피지만, 함박꽃나무는 아래를 향해 피는 점이 다르다. 무엇보다 함박꽃나무는 잎이 먼저 나고 꽃이 피니 목련과 혼동할 염려가 없다. 함박꽃나무의 꽃은 맑고도 그윽한 꽃향기가 일품이다. 말 그대로 청향淸香이다. 수십 미터 떨어진 곳에서도 근처에 함박꽃나무가 있다고 짐작할 수 있

함박꽃나무꽃은 꽃도 예쁘지만 맑고도 그윽한 꽃향기가 일품이다.
산목련이라고도 부른다.

을 정도로 향이 강하다. 함박꽃나무도 우리나라에서 자생하는 나무다.

이밖에도 노란 꽃이 피는 일본목련, 꽃의 지름이 20센티미터 안팎인 상록성 태산목 등도 목련 가족들이다. 일본목련은 이름처럼 일본에서 들여온 나무인데 씨앗이 퍼져 마을 주변 산자락에서 자라는 것을 볼 수 있다.

1985년생 김기태는 30대 후반인 2022년에야 뒤늦게 등단했다. 직장 생활을 하다가 문득 "이렇게 그럭저럭 살다 가는 건가"라는 생각이 들어 소설을 쓰기 시작했다고 한다. 그는 "안 써도 죽지는 않을 테니 대신 자유롭게 쓰자"고 생각했다. 그의 이런 생각은 소설 곳곳에 자유분방한 문장과 스토리로 나타나는 것 같다. 그는 "장편에 집중해 3년 안에 완성하는 게 목표"라며 "소설가로서 단편이나 장편을 불문하고 제대로 된 한 편을 남기고 싶다"고 했다.

뇌종양 판정받고 알게 된 리시안셔스
서유미, 「토요일 아침의 로건」

　서유미 작가의 단편소설 「토요일 아침의 로건」은 갑자기 뇌종양 판정을 받은 50대 중년 남자의 이야기다. 외국계 회사에 다니는 그는 벌써 4년째 토요일 아침마다 영어 선생님 젤다와 두 시간씩 비즈니스 영어 공부를 하고 있다. 로건은 그의 영어 이름이다.

　영어도 늘고 회사에서도 승진해 미국 지사 발령을 앞두고 있는데 위기가 찾아온다. 건강검진에서 뇌종양을 발견한 것이다. 그의 삶은 예전과 같을 수 없을 것이다. 미국행도 힘들 것 같다. 우선 젤다에게 영어 공부를 그만두겠다고 통보해야 하는데 선뜻 말하지 못하고 망설인다. 소설은 로건이 결국 통보하기까지 4주 동안 토요일 아침에 일어나는 일들을 섬세하게 묘사한다.

　로건은 왜 통보를 망설였을까. 수업하는 카페에서는 한

강에 있는 오리배들이 밧줄에 묶여 흔들리는 것이 보인다. "묶고 있는 밧줄을 풀면 오리배들은 어디로 떠내려갈까. 영어 수업을 그만두게 되면 삶이 어느 방향으로 흘러갈지 그는 알 수 없었"기 때문이다.

그런 로건이 회사 임원 식사 자리에 참석했을 때 장미 비슷한 꽃이 화병에 꽂혀 있는 것이 보였다. 흰색과 분홍색, 라벤더색, 노란색 등 다양한 색을 가진 꽃이었다. 여러 번 온 레스토랑이지만 꽃이 있는 것을 처음 알았다. 장미처럼 여러 겹의 꽃잎으로 이루어진 꽃이었다. 로건은 꽃 이름을 알고 싶어 휴대폰으로 꽃 사진을 찍어둔다.

> 이틀 전 퇴근길에 꽃집에 들렀을 때 꽃집 주인은 그가 찍은 사진을 보더니 리시안셔스네요, 하며 연한 분홍색의 꽃 한 단을 꺼내 보여주었다. 레스토랑의 테이블에 있던 꽃보다 더 건강해보였다. 주인이 리시안셔스는 자른 상태에서 더 피지 않는 꽃이라며 수명이 긴 게 장점이라고 했다. 그는 얇고 부드러운 꽃잎을 보다가 꽃다발을 만들어달라고 부탁했다. (『밤이 영원할 것처럼』, 문학동네, 21쪽)

로건은 리시안셔스 꽃다발을 젤다에게 줄 생각이었지

만 끝내 주지 못한다. 4주째 토요일에야 로건은 젤다에게 수업 중단을 통보한 후 자신에게 무슨 일이 일어났고 자신이 무엇을 선택했는지 알게 됐고 비로소 마음이 아픈 것을 느낀다.

군더더기 하나 없는 깔끔한 소설이었다. 너무 깔끔해 다소 아쉬울 정도였다. 이 글을 준비하는 과정에서 작가가 토요일에 소설작법 수업을 세 건이나 한다는 것을 알았는데, 수강생들에게 전범典範을 보여주듯 흠잡을 데 없는 소설을 쓴 것 같다. 4주간 영어 수업을 하면서 주인공이 본 장면과 느낀 감정들을 세밀하게 묘사하는데, 이를 따라가다 보면 어느새 주인공의 감정과 일치해 있음을 느낄 수 있다. 필자가 주인공과 동년배여서 더 쉽게 소설에 몰입해 읽은 것 같다.

리시안셔스는 주인공이 몸의 이상을 안 다음 보이기 시작한 것 중 하나다. 소설에서 중요한 소재 또는 상징까지는 아니지만 상당한 비중을 가진 소품인 것은 분명하다. 아마도 중년의 위기에서 그제야 꽃이라는 생명 또는 아름다움이 보이기 시작한 것을, 이전과 다른 관심과 애정이 생긴 것을 보여주는 장치가 아닐까 싶다.

장미처럼 생긴 꽃, 리시안셔스와 라넌큘러스

소설에 나오는 대로 리시안셔스^{Lisianthus}는 얼핏 보면 장미로 착각할 정도로 장미와 비슷하게 생겼다. 장미와 카네이션의 중간 정도 느낌을 주는 꽃이다. '변치 않는 사랑'이라는 좋은 꽃말을 가져 결혼식 부케로 많이 사용한다. 물오름이 좋고 절화折花 수명도 길어 최근 수요가 급증하는 꽃이다.

리시안셔스는 용담과의 한해살이풀로 원산지는 북아메리카다. 장미와는 꽃은 물론 줄기와 잎 모양에서도 차이가 있다. 줄기에 가시가 없고, 잎은 마주나면서 타원형인 것으로 구분할 수 있다. 국가표준식물목록 추천명은 '꽃도라지'이지만 리시안서스나 리시안사스, 속명인 유스토마^{Eustoma} 등으로 다양하게 부른다. 홑꽃과 겹꽃이 있는데 겹꽃은 꽃잎이 겹쳐져 있는 모습이 터키 터번을 떠올린다고 터키꽃도라지라고도 부른다.

장미와 비슷하게 생긴 절화가 하나 더 있다. 라넌큘러스^{Ranunculus}인데 이 꽃은 이른 봄에 피는 꽃이라 그즈음에만 꽃집에서 살 수 있다. 원종은 선명한 황색으로 꽃잎이 다섯 장이지만 원예종들은 겹꽃이 대부분으로, 빨간색·노란색·주황색·분홍색·흰색 등 다양한 색이 있다.

리시안셔스(오른쪽)는 장미(왼쪽)와 비슷하게 생겼지만 줄기에 가시가 없고 잎은 마주나면서 타원형인 점이 다르다.

꽃이 비교적 오래가고 꽃잎이 많고 풍성해 젊은 층에게 인기 있는 꽃이다. 역시 부케용으로 사랑받는 꽃이다.

라넌큘러스는 미나리아재비과 미나리아재비속에 속하는 식물이니 국내에서 자라는 미나리아재비와 닮은 데가 많다. 한마디로 미나리 같은 줄기에 장미처럼 화려한 꽃이 피는 식물이다. 라넌큘러스라는 이름은 라틴어 '*Rana*'에서 유래했는데 '개구리'라는 뜻이다. 주로 연못이나 습지 등 습한 지역에서 잘 자라는 특성 때문에 붙여진 이름이다.

라넌큘러스는 장미 비슷하게 생겼지만 알뿌리로 번식하는 구근식물이다.
잎도 다르게 생겼지만 얇은 꽃잎이 무수히 겹쳐 피는 점이 다르다.

라넌큘러스를 가장 쉽게 식별하는 방법은 많은 꽃잎이다. 얇은 꽃잎이 겹겹이 겹쳐 피는데 꽃잎 수가 300장이 넘는다고 한다. 주로 알뿌리로 번식하는 구근식물이라는 것도 기억해둘 만하다.

작품마다 식물 하나씩 심어놓은 정성

서유미 작가는 꽃과 나무 등 식물을 좋아하는 작가임이 분명하다. 「토요일 아침의 로건」 말고도 식물이 나오는 작품이 많았다. 육아로 자기 시간을 내기 어려운 주부와 학습지 방문교사의 생활을 그린 「밤의 벤치」에는 등나무와 전나무가, 눈치채지 못하고 있던 가정의 균열을 조용히 체감하는 하루를 그린 「그것으로 충분한 밤」에는 실내식물 스투키가, 부유하고 선망받는 위치에서 내려와 별 볼일 없던 친구에게 의지해야 하는 상황에 처한 여성을 그린 「지나가는 사람」에는 벚꽃이, 전 배우자를 독촉해 위자료를 받아내야 하는 여교수를 다룬 「기다리는 동안」에는 대표적인 실내식물인 스킨답서스가 나온다.

표제작인 「밤이 영원할 것처럼」에는 벤자민고무나무가 상당한 의미를 부여할 수 있을 정도로 여러 번 나온다. 사업 초반부터 대표와 같이 일해온 쇼핑몰 업체 본부장 동희는 어느 날 우연히 발목을 다친다. 공교롭게도 그날 회사 대표는 동희에게 집무실을 고객상담팀 공간으로 바꿔야겠다고 통보한다. '좌천 아닌 좌천'과 다름없는 조치였다. 동희는 날아온 공이 얼굴을 강타하고 지난 것 같은 얼얼함을 느끼지만 내색하지 않는다.

집무실에는 5년 동안 잘 자라 잎이 무성한 벤자민고무나무가 있었다 대표 방에 있는 같은 나무보다 잎이 더 무성했다. 동희가 대표의 판단에 불만이 없을 수 없는 일이라 언제 분개하거나 저항할지 조마조마하지만 그런 일은

벤자민고무나무는 우리나라에서는 광택이 있는 잎이 아름다워 실내에서 키우는 관엽식물 중 하나지만 열대 지방에서는 가로수로 많이 심는다.

일어나지 않는다. 작가는 동희가 발목을 치료하고 짐을 정리하는 과정을 보여줄 뿐이다.

동희의 심정은 직원들이 책상 아래 놓은 벤자민고무나무를 해가 드는 책상 옆으로 옮기는 것과 같이 간접적으로만 전한다. 또 동희는 곧 집에 들어올 모션베드를 기다리며 발을 심장보다 높이 들어 올리겠다고 다짐하는 등 딴청을 피운다.

그럼에도 소설을 읽다 보면 그가 받은 심리적 충격을 충분히 짐작할 수 있다. 문학평론가 소유정은 이 소설 해설에서 「토요일 아침의 로건」과 함께 비로소 어떤 한 시절에 대한 맺음이 일어나는 순간을 포착하는 소설"이라고 했다.

벤자민고무나무는 광택이 나는 작은 잎이 아름다운 관엽식물이다. 인도고무나무, 벵갈고무나무, 떡갈잎고무나무 등과 같은 무화과나무속에 속하는 나무로, 열대 지방에서는 가로수로 많이 심지만 우리나라에서는 실내에서 키우는 대표적인 식물 중 하나다. 이 소설에는 벤자민고무나무가 가장 많이 나오지만 동희가 키우는 식물로 문샤인(잎이 회색인 산세베리아), 율마, 유칼립투스, 몬스테라, 클루시아 등 다양한 실내식물이 나온다. 하나같이 사무실 등에서 흔히 볼 수 있는 식물들이다.

1975년생 서유미는 2007년에 데뷔한, 작가 생활 17년 차인 중견 작가다. 단편 「토요일 아침의 로건」은 2023년 김승옥문학상 우수상을 받았다. 작가는 최근 이 단편이 수록된 소설집 『밤이 영원할 것처럼』을 펴내면서 "이 책으로부터 다시 시작하고 싶다"고 했다. 퀴어소설, 판타지소설, SF소설 등 여러 분야의 장르소설이 많이 나오는 요즘, 정통으로 삶을 살피는 문학을 추구하겠다는 작가여서 관심이 가지 않을 수 없다. 앞으로 이 작가의 작품을 주목해서 읽어봐야겠다.

킥보드 할머니가 떠올린 달맞이꽃의 추억
윤성희, 「어느 밤」

윤성희의 단편 「어느 밤」은 한밤중에 킥보드를 타다 사고를 당해 쓰러져 있는 노년 여성이 자서전을 써내려가듯 일생을 회고하는 내용이다. 2019년 김승옥문학상 수상작이다.

칠순을 앞둔 이 여성은 아파트 놀이터에서 킥보드를 훔친다. 밤마다 이웃 아파트 단지에서 킥보드를 탔는데 어느 밤 넘어져 꼼짝할 수가 없다. 사람을 불러보지만 으슥한 곳이라 응답이 없다. 어쩔 수 없이 구조를 기다리며 찬찬히 옛 기억을 되짚는다.

주인공의 아버지는 공사 현장에서 돌더미에 깔려 불구가 되었고 이내 우물에 빠져 죽었다. 어머니는 경제력 없는 남편으로 인한 지긋지긋한 가난을 참지 못해 약을 먹고 자살을 시도하더니 사이비종교에 빠져 연락이 끊겼다.

결혼 초기 '나'는 남편과 지물포를 차렸다. 도배지를 깔고 앉아 고추장에 밥을 비벼 먹었지만 입이 달던 시절이었다. 인테리어 업자에게 밀려 가게를 접은 후 남편은 공사 현장 경비 일을 시작했다. 그런데 공교롭게도 순찰을 제대로 돌지 않은 어느 날 사고가 나서 해고당했다. 이후 남편이 하루 종일 집에서 뉴스를 보며 미친놈, 미친년이라고 욕하는 것이 싫어 '나'는 밤마다 킥보드를 탄다.

부부는 어려운 살림이었지만 딸을 미국에 유학 보냈고 딸은 그곳에 정착했다. 사람들은 집 팔아서 유학을 보냈다고 비웃었지만 '나'는 그럴 만한 가치가 있는 아이라고 생각한다. 그러나 내년 칠순 때 딸이 올지 모르겠다. 딸과 추억을 떠올릴 때 달맞이꽃이 나온다.

달을 보니 달맞이꽃이 생각났다. 시아버지의 병문안을 갔다가 막차가 끊겨서 딸을 업고 집으로 돌아오던 날, 달맞이꽃이 참 환했다. 곧 시아버지가 돌아가실 거라는 사실도 잊을 정도로. 소꿉놀이를 좋아하던 딸은 달맞이꽃을 따다가 꽃밥을 짓곤 했다. 딸과 함께 달맞이꽃을 튀긴 적도 있었다. 여름방학 숙제였다. 엄마랑 요리하기. (『날마다 만우절』, 문학동네, 99쪽)

달맞이꽃은 친숙한 꽃이지만 남미 원산의 귀화식물이다.
사람들이 파헤친 공터나 길을 만든 가장자리에서 흔히 볼 수 있다.

 윤성희의 소설은 휙휙 이야기 소재가 변하는 것이 특징인데 이 달맞이꽃 이야기는 비교적 자세하게 나온다. 딸과의 추억이 가장 소중한 기억이고 그중에서도 달맞이꽃에 대한 기억이 주인공에게 최고의 기억이기 때문일 것이다.

 바닥에 넘어진 '나'를 발견한 것은 독서실에서 밤을 새우고 귀가하던 청년이었다. 청년은 점퍼를 벗어 '나'를 덮어주고 구급대원을 부른다. 비로소 마음을 연 '나'는 청년에게 킥보드를 다시 놀이터로 갖다 놓아달라고 부탁한다.

달맞이꽃은 바늘꽃과 두해살이풀로, 여름이면 노란색 꽃이
저녁에 피었다가 아침에 시든다.

더 이상 그녀에게 킥보드가 필요하지 않은 것이다. 그녀에게 같은 아파트에 살며 다음에 만나면 "맥주에 치킨까지" 먹을 수 있는 사람이 생겼기 때문이다.

달 뜨는 저녁에 피는 꽃

노년 여성이 쓰러져 있다가 떠올린 달맞이꽃은 여름에 피는 꽃이다. 바늘꽃과 두해살이풀로, 네 장의 꽃잎으로 이루어진 밝은 노란색 꽃이 잎겨드랑이마다 한 개씩 달린다. 이름 그대로 달 뜨는 저녁에 꽃이 피었다가 아침에 시든다. 저녁에 꽃이 피는 이유는 주로 밤에 활동하는 박각시 등 야행성 곤충이 꽃가루받이를 도와주기 때문이다. 그래서 우리가 흔히 꽃잎이 축 처진 모습을 보지만 밤 8시 정도부터는 언제 그랬냐는 듯 싱싱한 꽃이 활짝 피어 있는 반전을 볼 수 있다.

박완서 작가가 1993년에 발표한 단편 「티타임의 모녀」에는 이 달맞이꽃 피는 '소리'가 나온다. 이 소설은 부잣집 출신인 운동권 남편과 사는 여공 출신 아내의 소외감과 불안감을 그렸다. 이들이 아들을 낳아 서울 변두리 어느 삼층집 옥탑방에 살 때가 가장 행복한 시절이었다. 집주인이 여러 야생화를 심어놓은 그 옥상에는 달맞이꽃도 피었다.

어느 날 밤 남편은 잔뜩 긴장해 '달맞이꽃 터지는 소리'를 듣겠다고 청각을 곤두세운다. 소설에 나오는 대로 달맞이꽃이 필 때 실제로 소리가 나는지는 아직 확인하지 못했다. 어떤 식물책에도 나오지 않는 사실이라 달맞이꽃 피는 밤에 몇 번이나 확인해보려고 했지만 실패했다.

겨울에 공터에 가보면 땅바닥에 잎을 방석 모양으로 둥글게 펴고 바싹 엎드려 있는 식물들을 볼 수 있다. 냉이, 민들레, 애기똥풀, 뽀리뱅이 등이 대표적으로, 그 모양이 마치 장미 꽃송이 같다고 로제트^{rosette}형이라 부른다. 그중 잎의 가장자리가 붉게 물들어 푸르지도 붉지도 않은 색으로 자라는 식물이 달맞이꽃이다. 이런 형태로 겨울을 견디다가 봄이 오자마자 재빨리 새순을 올려 쑥쑥 자라는 식물이다.

달맞이꽃은 어릴 때부터 보아온 아주 친근한 식물이지만 남미가 고향인 귀화식물이다. 하지만 일찍이 우리나라에 들어와 자리 잡고 씨앗을 퍼트려 이제 전국 어디서나 흔히 볼 수 있다. 아주 우거진 숲에는 들어가 살지 못하고 사람들이 파헤쳐 공터를 만들어놓았거나 길을 만든 가장자리 또는 경사지에서 흔히 볼 수 있다. 길쭉한 주머니 같은 열매 속에 까만 씨앗이 들어 있는데, 한때 이 씨앗으로 짠 기름이 성인병에 좋다고 유행한 적이 있다.

달맞이꽃은 언제 귀화했을까. 달맞이꽃의 별칭 중 하나가 '해방초'다. 일제강점기에서 풀려나는 시점에 널리 퍼졌다는 데서 나온 이름이다. 학자들은 달맞이꽃이 이보다는 전에, 개화기 즈음 우리나라에 귀화한 것으로 보고 있지만 해방 전후 널리 퍼진 것은 맞는 것 같다. 반면 망초·개망초는 이름 자체가 나라가 망할 때 전국에 퍼진 풀이라고 붙인 것이다. 망초와 개망초가 퍼진 시기는 조

낮달맞이꽃은 달맞이꽃을 낮에 피도록 개량한 꽃으로 도심에서 점점 자주 볼 수 있다.

선이 망해가는 구한말이기도 하지만, 열강들의 제국주의 침탈 경쟁으로 지구 생태계가 과거에는 경험해보지 못한 식물종의 전파, 식물의 세계화가 일어난 시점이기도 하다.

요즘에는 낮에 꽃이 피게 개량한 낮달맞이꽃도 주택가 화단 등에 많이 심고 있다. 달맞이꽃보다 꽃이 좀더 크다. 낮에 피면서 꽃이 분홍색인 분홍낮달맞이꽃도 점점 늘어나고 있다.

분홍낮달맞이꽃은 낮에 피면서 분홍색 꽃이 피어 붙은 이름이다.
최근 들어 거리에서 점점 많이 볼 수 있다.

목련 풍선 불어보세요

소설 「어느 밤」은 윤성희의 소설집 『날마다 만우절』에 들어 있는 열한 개의 단편 중 하나다. 평범한 사람들의 소소하지만 고달픈 일상을 유머러스하게 그렸다. 이 소설집에 있는 단편 「여섯 번의 깁스」를 읽다가 '목련 풍선'을 불 수 있다는 것을 알았다.

주차장으로 돌아오는 길에 목련꽃이 활짝 핀 나무를 보았다. 나는 바닥에 떨어진 꽃잎 중에서 깨끗한 놈으로 하나를 골랐다. 끄트머리를 자르고 손으로 살살 문지른 다음 입으로 불어보았다. 불어지지 않았다. (…) 한 번만 더. 나는 마지막으로 꽃잎을 주웠다. 목련꽃 그늘 아래서, 하고 노래를 부르며 꽃잎이 잘 벌어지도록 끄트머리를 살살 문질렀다. 그리고 풍선을 부는 느낌으로 천천히 꽃잎에 바람을 불어넣었다. 세 번 만의 성공이었다. (『날마다 만우절』, 문학동네, 42~43쪽)

꽃에 관심을 가진 지 20년이 넘었지만 목련 꽃잎으로 풍선을 불 수 있다는 것은 이 소설을 보고 처음 알았다. 검색해보니 정말로 목련 꽃잎으로 풍선을 만드는 방법이 사진과 함께 자세히 나와 있었다. 내년 봄 목련꽃이 피면 꼭 해봐야겠다. 그 방법은 다음과 같다.

1. 목련 꽃잎의 꽃받침 부분을 1센티미터 정도 자른다.
2. 자른 부분을 살살 비벼 입구를 만든다.
3. 입구에 천천히 바람을 불어넣는다.

어렵지 않을 것 같다. 특히 아이들이 목련 풍선에 큰 흥미를 가질 것 같다. 목련 풍선의 원리는 목련꽃에서 물이

목련 꽃잎 아래쪽에
바람을 불어넣으면
목련 풍선이
완성된다.

다니는 길로 바람이 들어가는 것이라고 한다. 그러니까 물관에 바람을 불어넣는 것이다. 목련이 피자마자 꼭 한 번 해볼 생각이다.

우연, 유머, 속도감

1973년생 윤성희의 소설은 몇 줄만 읽어봐도 윤성희의 글이라는 것을 짐작할 수 있을 정도로 개성 있다. 1999년 동아일보 신춘문예로 등단했고, 현대문학상, 이수문학상, 이효석문학상, 동인문학상 등을 받았다. 장편소설 『구경꾼들』과 소설집 『레고로 만든 집』, 『거기, 당신?』 등이 있다.

  그의 소설을 더 잘 이해하는 키워드가 몇 개 있다. 우선 '우연'이다. 윤성희의 소설에는 우연에 의해 생기는 일이 많다. 그 우연도 다소 엉뚱하다. 두 번째는 '유머'다. 유머 중에서도 좀 뜬금없는 유머라 할 수 있다. 마지막으로 단문 위주의 속도감 있는 문장이다. 작가는 부사와 형용사를 잘 쓰지 않고, 짧은 문장을 연이어 쓰면서 빠르게 장면을 전개하는 경향이 있다. 위에서 인용한 대목만 다시 읽어도 작가의 문체를 짐작할 수 있을 것이다. 평론가들은 "이 방식이 윤성희 소설에 경쾌한 느낌을 준다"고 말한다.

생전 장례식 치른 할머니의 도라지꽃
홍민정, 『모두 웃는 장례식』

"나 죽은 뒤에 우르르 몰려와서 울고불고한들 무슨 소용이야. 살아 있을 때, 누가 누군지 얼굴이라도 알아볼 수 있을 때 한 번 더 보는 게 낫지."(『모두 웃는 장례식』, 별숲, 31쪽)

홍민정 작가의 장편동화 『모두 웃는 장례식』에 나오는 할머니는 이렇게 말하며 돌아오는 자신의 75번째 생일에 생전 장례식을 치르겠다고 한다. 할머니는 유방암 암세포가 온몸으로 퍼져 살날이 얼마 남지 않았다는 것을 알고 있었다.

이 동화의 주인공은 초등학교 6학년 윤서다. 여름방학을 하자마자 엄마가 일하는 상하이로 떠날 꿈에 부풀어 있었다. 그런데 할머니가 생전 장례식을 치르겠다고 하자 망설일 수밖에 없다. 결국 남기로 결심한 윤서의 시각으로 할머니 슬하의 네 남매가 너무 놀라 갈등을 겪다 할머니 부탁을 받아들이는 과정, 생전 장례식을 준비해 치르는 과정 등이 담겨 있다. 윤서도 할머니가 일했던 시장 사람들의 육성을 영상으로 담는 등 생전 장례식 준비에 참여한다.

이 동화에서 할머니가 가장 좋아하는 꽃이 도라지꽃이다. 시장에서 할머니한테 한복 만드는 법을 배운 아주머니가 생전 장례식을 치른다는 신문 광고를 보고 찾아온다. 아주머니가 할머니의 한복을 지어왔는데, 한복 치마에는 도라지꽃이 선명하다.

> 아주머니는 한복을 펼쳐 할머니의 몸에 대 주었다. 치마에 수놓은 보라색 꽃이 예뻤다. 할머니는 거칠고 마른 손으로 꽃무늬를 어루만졌다.
> "도라지꽃이네."
> "네. 형님이 좋아하시잖아요."
> 할머니 눈에서 눈물이 또르르 떨어졌다.
> (『모두 웃는 장례식』, 별숲, 108쪽)

할머니는 생전 장례식 날 이 한복을 입는다. "한복에 수

도라지꽃은 6~8월 보라색 또는 흰색으로 핀다. 특이하게도 중간색이 없다.

놓은 도라지꽃이 햇살을 받아 곱게 빛났다." 윤서가 생전 장례식 날 할머니에게 주는 감사패를 읽을 때 윤서의 친구들이 할머니에게 주는 꽃다발에도 도라지꽃이 들어 있다.

> 간신히 마음을 가라앉히고 손에 들고 있던 감사패를 할머니에게 주었다. 승준이가 전해준 보라색 도라지꽃이 들어간 꽃다발도 안겨 주었나. 꽃디발을 든 할머니는 오롯이 도라지꽃이 되었다. (『모두 웃는 장례식』, 별숲, 151쪽)

이 할머니는 생전 장례식을 치른 지 두 달 남짓 지나 돌아가셨다. 생전 장례식이라는 소재를 너무 가볍게도, 너무 무겁게도 다루지 않은 것이 이 동화의 미덕이다. 예상 가능한 스토리인데도 몇몇 군데에서 눈물을 찔끔거리며 읽었다.

2017년 일본 대기업 고마쓰의 안자키 사토루 전 대표는 말기암 진단을 받은 뒤 "40여 년 동안 신세 진 이들, 이후 여생을 같이 즐긴 이들에게 감사의 마음을 전하고 싶다"며 신문에 생전 장례식을 열겠다는 광고를 냈다. 이 광고와 실제 생전 장례식은 일본 사회에 큰 반향을 일으켰다. 필자는 '생전 장례식'이라는 말을 이때 처음 들은 것 같다. 그는 이 행사에서 "인생을 충분히 즐겼고 사람 수명은 한계가 있다"고 했다. "건강할 때 감사 인사를 전하고 싶다"는 당사자의 말에 공감이 갔다.

『모두 웃는 장례식』은 이 기업인 얘기와 비슷하지만 시장에서 한복집을 운영한, 용기 있는 할머니 버전이다. 아들 친구가 "너희 집 마당에 도라지꽃이 참 예뻤는데"라고 회상하는 것으로 보아 도라지꽃은 할머니의 전 생애를 보여주는 꽃으로 봐도 무방할 것 같다.

사후死後 장례식은 아무리 화려해도 고인이 아닌 유가

족 중심일 수밖에 없다. 조문을 가더라도 고인의 이름과 영정을 보는 것 말고는 고인에 대해 알 방법이 없다. 상가에 늘어선 조화弔花를 보면서 고인과 그 자녀들이 어떤 사회적 지위를 가졌는지 짐작해볼 뿐이다. 생전 장례식이 더 의미 있고 합리적이라는 생각이 들었다. 그러면서도 필자라면 어떻게 할지에 생각이 미치자 선뜻 판단이 서지 않았다.

이 책은 동화지만 태어나면 피할 수 없는 죽음, 장례식의 의미에 대해 생각해볼 수 있는 책이다. 어른들이 읽어도 손색이 없는 내용이다. 두렵고 그저 먼 얘기로만 느낄 수 있는 죽음의 의미를 아이들 눈높이에 맞춰 차분하게 전달하는 작가의 내공을 느낄 수 있다. 홍민정 작가는 동화책 『고양이 해결사 깜냥』 시리즈가 60만 부 판매될 정도로 어린이에게 많은 사랑을 받는 작가로, 『모두 웃는 장례식』은 그의 첫 고학년 장편동화다.

세 개의 별을 가진 도라지꽃

노라시꽃은 6~8월 보라색 또는 흰색으로 피는 여러해살이풀이다. 예쁜 꽃이 많은 '미녀군단' 초롱꽃과에 속하는데, 우리나라 전국의 산에서 볼 수 있으며 일본과 중국에도 분포하는 식물이다.

우리가 흔히 보는 도라지는 밭에 재배하는 것으로, 나물로 먹는 것은 도라지 뿌리다. 별처럼 다섯 갈래로 갈라진 통꽃이 기품이 있으면서도 아름답다. 흰색과 보라색 사이에 중간색 같은 교잡이 없다는 것도 특이하다.

문일평은 꽃과 관련된 문학 작품을 소개하는 책 『화하만필』花下漫筆, 꽃밭 속의 생각에서 "도라지꽃 잎과 꽃의 자태가 모두 청초하면서도 어여쁘기만 하다"며 "다른 꽃에 비해 고요히 고립을 지키고 있는 그 모습은 마치 적막한 빈 산에 수도하는 여승이 혼자 서 있는 듯한 느낌"이라고 했다.

도라지꽃을 별에 비유하는 글이 많은데, 가만히 보면 도라지꽃에는 세 개의 별이 있다. 먼저 도라지꽃은 개화 직전 바람을 불어넣은 풍선처럼 오각형으로 부풀어 오른다. 그 모양이 별같이 생겼다. 이 모양이 서양 사람들에게는 풍선처럼 보인 모양이다. 그래서 도라지꽃의 영어 이름은 '풍선꽃'Balloon flower이다.

두 번째로, 꽃잎이 활짝 펼쳐지면 통으로 붙어 있지만 다섯 갈래로 갈라진 것이 영락없는 별 모양이다. 그런데 꽃이 벌어지고 나면 꽃잎 안에 또 별이 있다. 꽃 안쪽에

도라지꽃에는 별 모양이 많다. 개화 직전에는 풍선처럼 오각형으로
부풀어 오른 모습(위)이 별 같고 꽃이 피면 별처럼 다섯 갈래로 갈라진
통꽃(아래)이 아름다운 꽃이다.

다섯 갈래 별 모양으로 갈라진 조그만 암술머리를 뾰족 내밀고 있는 것이다.

도라지꽃은 수술 꽃가루가 먼저 터져 날아간 다음에야 암술이 고개를 내민다. 제꽃가루받이를 피하기 위한 전략이다. 해바라기도 수술 꽃밥이 먼저 터지고, 하루이틀 지난 다음 암술대가 올라와 다른 개체의 수술 꽃가루가 오기를 기다린다. 반대로 천남성과 식물들은 암술이 먼저 나온다. 소나무처럼 암술머리가 수술보다 높은 위치에 있어서 같은 나무의 꽃가루가 암술머리로 옮겨지는 것을 막는 경우도 있다. 식물들이 이렇게 전략적으로 행동하는 것을 보면 정말 신기할 따름이다.

도라지꽃에는 여러 가지 꽃 이야기가 있다. 그중 '도라지'라는 이름을 가진 예쁜 처녀가 뒷산에 나물을 캐러 갔다가 만난 총각을 사모하다가 상사병에 걸려 죽은 자리에서 피어난 꽃이라는 이야기도 있다. 그래서인지 꽃말이 '영원한 사랑'이다.

도라지꽃에 왜 이런 이름이 생겼을까. 도라지꽃은 고개를 옆으로 돌리며 핀다. 김훈의 소설 『내 젊은 날의 숲』에는 "멀리서 봐도, 고개를 옆으로 돌린 꽃들조차 나를 향해 피어 있었다"는 대목이 있는데, 옆으로 핀 도라지꽃을 묘

초롱꽃은 아이보리색 또는 연한 녹색의 꽃이 피고 줄기에 털이 많다.

사한 것이다. 고주환은 에세이 『나무가 청춘이다』에서 도라지꽃이 옆으로 '돌리며' 피어나는 것이 이름의 유래와 관련이 있을 것 같다고 했다. 물론 식물의 이름 유래가 대개 그렇듯 정설은 없다.

도라지와 사촌들

초롱꽃, 섬초롱꽃, 금강초롱꽃 등은 도라지와 같은 초롱꽃과에 속하는 자매꽃들이다. 초롱꽃은 긴 원통형의 꽃 모양이 불을 밝히는 초롱과 비슷하다고 붙은 이름이다.

초롱꽃과 섬초롱꽃은 요즘 서울 시내 화단이나 길가에

섬초롱꽃은 자주색 바탕에 짙은 반점이 있는 꽃이 피고
줄기에 털이 거의 없어 깔끔하다.

내놓은 화분에서도 볼 수 있다. 초롱꽃과 섬초롱꽃은 우선 색깔이 다르다. 아이보리색 또는 연한 녹색에 짙은 반점이 있는 꽃이 초롱꽃, 자주색 바탕에 짙은 반점이 있는 꽃이 섬초롱꽃이다. 그러나 꽃 색깔만으로는 구분하는 데 부족하다고 느낄 때가 많다. 색이 어중간한 초롱꽃이 많기 때문이다.

초롱꽃과 섬초롱꽃을 확실하게 구분하는 방법은 줄기에 털이 많이 있는지, 거의 없는지를 보는 것이다. 초롱꽃은 전체적으로 털이 있지만 섬초롱꽃은 털이 거의 없이

금강초롱꽃은 경기도와 강원도 북부의 높은 산에서 볼 수 있는 우리나라 특산 식물이다. 꽃송이 전체가 진한 보라색이다.

깔끔하다. 그러니까 덥수룩하면 초롱꽃, 깔끔하면 섬초롱꽃이다. 식물의 털은 여러 기능이 있지만 추위를 막아주는 보온 역할도 중요하다. 해양성 기후인 울릉도에 사는 섬초롱꽃은 털이 없어도 살 수 있지만 내륙에서 사는 초롱꽃은 털이 필요하다고 기억하면 된다. 섬초롱꽃 중에서 자줏빛이 더 많이 도는 것은 자주섬초롱꽃이다.

초롱꽃을 소개할 때 빠뜨릴 수 없는 꽃이 금강초롱꽃이다. 경기도와 강원도 북부의 높은 산에서 볼 수 있는 우리나라 특산 식물이다. 금강초롱꽃은 꽃송이 전체가 진한 보라색이다. 초롱꽃과 섬초롱꽃은 원예종으로 개발해 도심에서도 많이 심고 있지만 금강초롱꽃은 여전히 높은 산에 가야 볼 수 있다.

금강초롱꽃은 1909년 금강산에서 처음으로 발견돼 금강초롱꽃이란 이름이 붙었다. 꽃쟁이들은 경기도 가평군과 강원도 화천군 사이에 있는 화악산에 사는 금강초롱꽃이 색도 가장 선명하고 곱다는 데 동의한다. 화악산 금강초롱꽃이 '미스 금강초롱꽃'인 셈이다. 우리나라 특산인 예쁜 꽃이지만 속명 하나부사야 *Hanabusaya*에 구한말 초대 일본 공사의 이름이 들어 있는, 아픈 역사를 간직한 꽃이기도 하다.

잡초의 작가가 쓴 개망초 노래
천명관, 『고래』

 필자가 읽은 작품 중에서 잡초를 가장 실감 나게 묘사한 소설은 천명관의 장편 『나의 삼촌 브루스 리』였다. "쇠비름보다 더 악랄한 새끼!", "뽑아내도 뽑아내도 질기게 다시 뿌리를 내리는 쇠비름처럼…" 같은 표현이 나온다. 쇠비름은 가지를 많이 치면서 사방으로 퍼져 방석 모양으로 땅을 덮는다. 뽑더라도 그대로 두면 다시 살아날 정도로 끈질기다. 그래서 '뽑아내도 뽑아내도 질기게'로는 쇠비름을 당할 식물이 없다.

 그런데 잡초의 특징을 잘 살리면서도 적절하게 배치한 천명관의 소설이 하나 더 있다. 그의 소설 『고래』에서는 주인공 춘희가 움직일 때마다 쇠비름보다 흔한 잡초인 개망초가 등장한다. 개망초가 이 작품을 지배하는 이미지라고 해도 과언이 아니다. 소설 초반 춘희가 출옥해서 벽돌공장에서 도착하는 장면부터 개망초가 나온다.

> 개망초는 성곽을 포위한 병사들처럼 늘 공장 둘레를 빽빽하게 에워싸고 있다가, 주인이 자리를 비우자 슬그머니 안으로 침입해 들어와 어느샌가 공장 전체를 점령해버리고 말았다. (…) 부서져내린 벽돌가마 틈이나 살림집 마루판자, 검은 이끼가 낀 물결무늬의 슬레이트 지붕 위에도 개망초는 어김없이 피어 있었다. 그것은 자연의 법칙이었다.
> (『고래』, 문학동네, 10쪽)

개망초는 춘희가 가는 곳마다 따라다닌다. 벽돌공장은 물론 그녀가 오랜 시간을 보낸 교도소 담장 밑에도, 그녀가 공장으로 돌아오는 기찻길 옆에도 어김없이 피어 있다. 개망초는 춘희가 방화 혐의로 조사받을 때 서명란에 그려 넣은 꽃이기도 하다.

그녀가 기차를 타고 평대에 처음 도착할 때부터 단숨에 그녀의 눈길을 사로잡은 이후, 개망초는 언제나 그녀에게 가장 친근한 이미지로 각인되어 있던 터라 그녀가 조서에 개망초를 그려넣었다고 해서 이상할 건 하나도 없었다.

(『고래』, 문학동네, 309쪽)

개망초는 잡초처럼 사는 춘희와 황폐한 주변 이미지에 잘 어울린다. 천명관이 주로 밑바닥 인생을 다루는 데다 잡초에 대한 묘사가 탁월하다는 점을 감안하면 이 작가를 '잡초의 작가'라고 불러도 크게 무리는 아닐 것 같다.

금복의 꿈, 춘희의 현실

『고래』는 2023년 영국 최고 권위 문학상인 부커상 인터내셔널 부문 최종 후보에 올랐다. 비록 수상하지는 못했지만, 심사위원들은 "놀라움과 사악한 유머를 가진, 세계 문학의 가장 독창적인 목소리"라며 찬사를 보냈다.

『고래』는 2004년에 출간한 작품이다. 평대라는 가상의 소도시를 배경으로 한 이 소설은 국밥집 노파의 저주로 시작해 산골 소녀 금복이 거침없이 사랑하고 사업에도 성공한 다음 '비눗방울처럼' 몰락하기까지의 과정과 금복의 딸인 춘희가 벽돌을 만들고 이 벽돌이 나중에 국가적인 대극장을 짓는 데 쓰이는 과정을 그렸다. 여기에 애꾸눈, 생선장수, 걱정, 칼자국, 쌍둥이 자매, 약장수, 수련, 문, 철가면 등 주인공들과 인연을 맺은 다양한 군상 이야기가 담겨 있다. 이 소설의 제목인 '고래'가 금복의 꿈을 상징한다면 개망초는 춘희의 현실을 드러내는 것으로 그려져 있다.

소설의 줄거리와 내용에 비현실적인 부분이 많다. 판타지소설적인 면도 있다고 할 정도다. 예를 들면 금복의 남자 중 한 명인 '걱정'은 많이 먹고 움직이지 않아 몸무게가 1톤이 넘는다(인간 몸무게 기네스북 기록이 590킬로그램이다). 그런데도 이 소설은 한번 읽기 시작하면 놓기 어려울 정도로 흡입력이 강하다. 많은 이야기가 담겨 있고 이야기들이 치밀하게 연결되어 있으며 등장인물들의 욕망에도 '그럴 수 있다'고 수긍할 수 있기 때문일 것이다.

소설가 은희경은 이 소설이 받은 제10회 문학동네소설상 심사평에서 "소설이란 이야기에 그치지 않고 더 나아가 '그래서 어쨌다는 거냐'에 이르러야 한다는 것이 내 생각"이라면서도 "자신과는 소설관이 다른 심사위원의 동의까지 받아냈다는 사실이 작가로서는 힘 있는 출발"이라고 축하한 것도 이 때문일 것이다.

기자들이 흔히 듣는 말이 팩트로 꽉 찬 글을 쓰라는 것이다. 『고래』는 이야기로 꽉 찬 소설이다. 흔히 성석제를 '최고의 이야기꾼'이라고 하는데, 성석제가 현실 내에서 과장하고 상상한다면, 천명관은 현실을 뛰어넘는 수준으로 과장하고 상상한다. 입담이 성석제 이상인 것이다.

이 소설을 쓰고 작가가 붙인 원래 제목은 『붉은 벽돌의 여왕』이었다고 한다. 그러니까 작가는 어머니인 금복이 아니라 딸인 춘희를 주인공으로 생각한 것이다. 하지만 출판사 쪽에서 '왕'이나 '여왕'이라는 제목이 들어가는 것을 반대해 『고래』로 바꾸었다고 한다. 고래는 금복을 상징한다는 점에서 소설 제목을 '개망초'로 했으면 어땠을까 하는 생각도 든다.

이 소설이 부커상 인터내셔널 부문 후보에 올랐다는 것은 이 소설을 영어로 번역했다는 뜻인데 어떻게 번역했는지도 궁금하다. 읽다 보면 판소리 또는 변사가 말하는 식으로, 한 문장이 한 페이지 이상 이어지기도 한다. 이를 온전히 영어로 번역했는지, 또 소설에 나오는 다양한 비속어와 은어는 어떻게 처리했는지 궁금하다.

망초와 개망초는 잡초의 대명사

식물을 소개할 때 개망초와 짝을 이루는 것은 망초다. 망초와 개망초는 사람들이 훼손한 곳, 버려진 곳에 무더기로 자라는 잡초의 대명사라는 점에서 이 소설에 나오

개망초는 대표적인 잡초 중 하나지만 흰 혀꽃에 노란 중심부를 갖춘, 그런대로 예쁜 꽃이다.

는 잡초 같은 인생과 끈질긴 생명력에 잘 어울리는 식물이다.

 망초와 개망초 구분은 민들레와 서양민들레 구분과 함께 야생화 공부의 시작이라고 할 수 있다. 야생화 모임에 가면 "내가 망초와 개망초도 구분하지 못했을 때…"라는 말을 가끔 듣는다. 개망초는 버려진 곳에 피는 잡초지만 꽃의 모양을 제대로 갖춘, 그런대로 예쁜 꽃이다. 하얀 꽃 속에 은은한 향기도 신선하다. 흰 혀꽃 가운데 대롱꽃 다발이 노란 것이 계란프라이 같아 아이들이 '계란꽃' 또는

망초는 꽃이 볼품없이 피는 듯 마는 듯 지는 식물이다.
나라가 망할 때 전국에 퍼졌다고 망초라는 이름이 붙었다.

'계란프라이꽃'이라 부른다.

반면 망초는 꽃이 볼품없이 피는 듯 마는 듯 지는 식물이다. 망초라는 이름은 나라가 망할 때 전국에 퍼진 풀이라 붙여진 것이다. 보통 '개' 자가 들어가면 더 볼품없다는 뜻인데, 개망초꽃은 망초꽃보다 더 예쁘다.

시골이든 도시든 빈터나 길가에 망초와 개망초가 드넓게 자라는 장면을 흔히 볼 수 있다. 씨앗에 털이 있어서 바람에 날리는 탓에 널리널리 퍼지는 식물들이다. 국내 자생식물의 자리를 빼앗기 때문에 생태계 교란식물로

바랭이는 땅바닥을 기면서 마디마다 뿌리를 내린다.
꽃대가 실처럼 가늘다.

지정할 법도 하지만 그런 논의조차 들어보지 못했다. 일단 양지성 식물이기 때문에 숲의 생태계에 영향을 주진 않는다. 또 가시박이나 돼지풀, 단풍잎돼지풀처럼 사람이 제어하려고 해도 사실상 불가능한 다른 교란식물과 달리 망초와 개망초는 제거하기로 마음먹으면 제거가 가능한 점도 고려한 것 같다.

바랭이와 왕바랭이도 대표적인 잡초다. 바랭이는 밭이나 과수원, 길가 등에서 흔히 볼 수 있는 대표적인 잡초다. 지면을 기면서 마디마다 뿌리를 내리는 방식으로 빠

왕바랭이는 옆으로 퍼지지 않는 대신 여러 줄기가 뭉쳐서 억세다.
꽃대가 다소 두껍고 꽃이삭도 두 줄로 촘촘하게 달린다.

르게 퍼지는 식물이다. 바랭이는 밭에서 뽑아도 뽑아도 계속 생기는 잡초다. 베거나 뽑아도 한 마디만 남아 있으면 다시 살아나기 때문이다. 일본 잡초생태학자 이나가키 히데히로는 『풀들의 전략』에서 바랭이는 여성스러운 기품과 세력 면에서 여왕이라는 말에 손색이 없다며 바랭이를 '잡초의 여왕'이라고 했다.

바랭이는 꽃대가 실처럼 가늘고, 꽃대에 작은 이삭이 띄엄띄엄 달린다. 아이들이 이 꽃대로 우산을 만들어 놀기도 하기 때문에 '우산풀'로도 부른다.

명아주는 줄기 가운데 달리는 어린잎이 붉은빛이나 흰빛을 띠는 것이 특징이다. 다 자란 명아주를 말려 만든 지팡이를 청려장이라 한다.

왕바랭이는 바랭이와 달리 여러 줄기가 뭉쳐 있어 튼튼하고 다부지게 생겼다. 땅속으로 뻗는 뿌리도 깊어 여간해선 잘 뽑히지도 않는다. 꽃대가 다소 두껍고, 꽃이삭도 두 줄로 촘촘하게 달리기 때문에 바랭이와 구분할 수 있다. 『풀들의 전략』에서는 왕바랭이의 굵은 이삭을 '호걸의 짙은 눈썹' 같다고 했다.

명아주도 어디에나 흔하디흔한 풀의 하나다. 줄기 가운데 달리는 어린잎이 붉은빛이나 흰빛을 띠는 것이 특징이다. 다 자란 명아주를 말려 만든 지팡이를 청려장靑藜杖

이라 하는데, 가볍고 단단해 지팡이로 제격이다.

『고래』는 1964년생 천명관 작가의 첫 장편소설이다. 그는 영화 「총잡이」(1995), 「북경반점」(1999), 「이웃집 남자」(2009) 등의 각본을 쓰며 영화인의 삶을 살다 단편소설 「프랭크와 나」가 2003년 문학동네 신인상을 받으며 등단했다. 이어 2004년에 출간한 『고래』가 독자들의 사랑을 받고 문학동네소설상도 받으면서 『나의 삼촌 브루스리』, 『고령화 가족』 등을 출간하는 등 소설가로 활동했다. 2022년에는 영화 「뜨거운 피」를 제작해 감독으로 데뷔하기도 했다.

성불사 팽나무 그늘 아래
구효서, 「풍경소리」

 필자의 고향 마을 입구엔 수백 년 된 팽나무가 있다. 팽나무 아래는 우리 놀이터였다. 우리는 아침에 바로 초등학교에 가지 않고 팽나무 아래에 모여 뛰놀았다. 그러다 수업 시작 10분 전쯤 예비 종이 울리면 모두 가방을 들고 학교로 뛰기 시작했다. 이 나무는 우리 아버지, 할아버지들이 어릴 적 노는 장면도 지켜보았을 것이다.

 팽나무는 느티나무와 함께 정자나무로 많이 심었다. 우리 동네 팽나무 아래에도 정자가 있었다. 한여름에는 어른들이 계셔서 우리는 어머니가 아버지에게 말씀 전하라고 할 때나 갔다. 다른 계절에 그곳은 온전히 우리 차지였다. 그 팽나무는 적당한 높이에서 가지기 갈라져서 올라가 놀기에 좋았다.

 팽나무라는 이름은 열매를 대나무 총에 넣고 쏘면 '팽~'

소리를 내며 날아간다고 해서 붙은 것이다. 우리는 팽나무 열매를 모아 열심히 총을 쏘았다. 열매가 불그스름해지면 따먹기도 했는데, 살짝 단맛이 도는 것이 그런대로 먹을 만했다. 가을에는 나무 전체가 노랗게 단풍이 들었다. 팽나무는 필자에게 '고향의 추억으로 가는 표지판'이다.

팽나무 아래에서 슬픔을 치유하다

2017년 이상문학상을 받은 구효서의 중편 「풍경소리」에 팽나무가 주요 소재로 나와 반갑게 읽었다. 이 소설은 이은상의 시조 「성불사의 밤」을 모티프로 한 것이다. 서른두셋쯤 보이는 미와는 뭔가 달라지고 싶으면 성불사에 가서 풍경 소리를 들으라는 친구의 권유에 산사에 간다. 미와는 미혼모로 자신을 키운 엄마의 죽음 이후 원인 모를 환청에 시달리고 있었다.

그곳에서 미와가 깊은 밤에 풍경 소리를 듣고 절 마당에 있는 거대한 팽나무 그늘에서 이런저런 얘기를 나눈다. 특별한 사건은 생기지 않는다. 절에 온 지 사흘째, 공양주 좌자가 미와에게 "이곳에서는, 왜라고, 묻지, 않습니다"라고 말해준 곳도 팽나무 그늘 아래다. 미와가 두릅나물과 표고버섯 무침을 맛있게 먹다 사레가 들려 쪼그리고 앉아 눈물을 흘린 곳도 팽나무 아래였다.

> 팽나무 아래 쪼그리고 앉아 미와는 눈물을 철철 흘렸다. 저도 멋쩍은지 실실 웃으며. 좌자가 다가와 미와의 등을 천천히 쓸었다. 미와의 다급한 발짝 소리에 놀란 쓰르라미들이 일시에 울음을 그쳤다. 그러자 팽나무 이파리들이 쏴아, 바닷소리를 냈다. (『풍경소리』, 문학사상, 36쪽)

청각을 중심으로 한 팽나무 묘사가 감각적이다. 미와가 아주 오랜만에 휴대전화 전원을 켜고 남자친구의 전화를 받은 것도 팽나무 아래에서였다. "그의 말은 내가 팽나무 이파리를 다 셀 때까지도 끝날 것 같지 않았다." 팽나무가 있어서 가을 산사의 풍경은 더욱 고즈넉해졌고 주인공의 내면 묘사는 더욱 섬세해졌다. 미와는 풍경 소리에 귀 기울이며 '슥삭슥삭' 글을 쓰고 성불사 사람들과 이야기를 나누면서 엄마를 잃은 슬픔을 치유해가는 것 같다.

1958년생 작가 구효시는 1987년 중앙일보 신춘문예로 등단했다. 요즘엔 문학상 심사위원에 단골로 이름을 올리지만 여전히 왕성하게 소설을 발표하는 현역 작가다. 그가 매일 서울 중계동 집에서 공릉동 작업실까지 자전거를 타고 출근해 아침 9시부터 오후 6시까지 글을 쓰는 일은 유명하다. 그냥 쓰는 것이 아니라 몇 년 전까지 이상문학상을 비롯해 동인문학상, 황순원문학상 등 주요 문학상을 받았다. 그것도 '글로써 글을 깨는'以文破文 실험적인 글들을 내놓고 있다.

상당수 작가가 어느 정도 나이가 들면 주장이 강해지면서 스토리가 약해지는 경향이 있다고 느꼈는데 이 작가는 다르다. 「풍경소리」도 대화 처리가 파격적이고 3인칭 시점을 사용하다가 슬그머니 1인칭 화자가 등장하는 등 작가의 실험 정신을 느낄 수 있는 글이다.

꽃에 관심이 많은 필자로서는 그가 여러 소설에서 꽃과 식물을 주요 소재 또는 상징으로 쓰는 것도 흥미롭다. 구효서 작가가 2017년에 내놓은 장편 『옆에 앉아서 좀 울어도 돼요?』에서는 산나물로 먹는 파드득나물이 중요한 소재로 나온다.

이 소설은 강원도 평창 산골의 한 펜션을 무대로, 펜션을 운영하는 난주와 이곳을 찾아온 사람들의 이야기를 담았다. 이 펜션 근처에 살려고 땅을 사놓은 단골손님 서령과 이륙 부부, 미국에서 온 80대 노인 브루스와 정자

부부가 저마다 간직해온 사연들을 펼친다. 브루스는 한국전쟁에 참전한 용사였다. 그는 어느 날 '파드득나물'이라는 발음을 듣고 민감하게 반응하며 그 나물을 재배하는 마을에 데려다달라고 한다. 6·25 전쟁 때 총기 오발 사고를 일으켜 그 마을 주민들을 죽인 잘못을 속죄하고 싶다는 것이다. 오발 사고가 일어난 마을은 파드득나물을 재배하고 있었다. 브루스는 수소문 끝에 그 마을에 찾아가 잘못을 빌고 마을 주민에게 "저… 옆에 앉아서 좀… 울어도 될까요?"라고 묻는다.

파드득나물은 전국의 산지에서 자라는 여러해살이풀이다. 어린순을 따서 생으로 먹거나 무침 등으로 먹는다. 파드득나물은 작은 잎이 세 개씩 달린 것(삼출엽)이 참나물과 비슷하게 생겼다.

그의 단편 「소금가마니」도 감명 깊게 읽은 소설 중 하나다. 소설은 두부를 만들어 자식들을 키운 어머니를 회상하는 내용이다. 버드나무의 한 종류인 용버들이 이 소설에서 가장 인상적인 장면으로 강인한 모성애를 보여주는 장면에 나온다. 2005년 이효석문학상을 받은 작품이다.

팽나무에서 좀풍게나무로

팽나무는 전국적으로 어디에서나 자라지만 특히 남부 지방에서 많이 볼 수 있다. 소금 바람이 부는 바닷가에서도 잘 자란다. 제주도나 남해안에 가면 정말 멋진 팽나무 고목들을 흔하게 만날 수 있다. 세월호의 아픔을 간직한 팽목항도 주변에 팽나무가 많아 생긴 이름이다. 어느 정도 크면 느티나무는 나무껍질이 타원 모양으로 벗겨지지만 팽나무는 벗겨지지 않아 매끄러운 점이 다르다.

2022년에 방영된 ENA 드라마 「이상한 변호사 우영우」에는 팽나무가 거의 주연급으로 출연했다. 경남 창원시 동부마을 뒤편 언덕에 큰 팽나무 한 그루가 있다. 이 팽나무의 추정 수령은 500살로, 나무 높이는 16미터, 둘레는 6.8미터에 달한다. 나무 아래에 서면 포근함과 안정감을 느낄 수 있다고 한다. 드라마는 이 마을 한가운데로 도로가 뚫릴 위기에 처하자 마을 주민들과 변호사가 이 팽나무를 보여주면서 재판부를 설득해 재판에서 이기는 줄거리였다.

식물에 대해 공부해오면서 고수들이 팽나무 종류에 대해 논쟁하는 것을 여러 번 본 적이 있다. "팽나무다", "풍게나무다" 하는 식이었다. 그만큼 팽나무 종류를 구분하기 쉽지 않고 정리가 되지 않았기 때문인 듯하다.

이런 국내 팽나무 종류를 젊은 학자가 연구해 깔끔하게 정리했다. 바로 허태임 국립백두대간수목원 연구원이다. 허태임 연구원은 복잡한 국내 팽나무속을 팽나무, 폭나무, 왕팽나무, 노랑팽나무, 풍게나무, 좀풍게나무까지 여섯 가지로 정리했다. 팽나무 종류는 열매의 색깔과 잎의 생김새로 구별하는데, 우선 열매가 노란색 또는 주황색으로 익는 것이 팽나무·폭나무·노랑팽나무·왕팽나무 네 가지이고, 열매가 검은색으로 익는 것이 풍게나무·좀풍게나무 두 가지다.

이중 폭나무·왕팽나무·노랑팽나무는 드물거나 남해안 등 일부 지역에서만 볼 수 있다. 그래서 서울 등 수도권에 사는 사람들이 만날 일이 많지 않으니 팽나무·좀풍게나무·풍게나무만 알아도 충분할 것 같다.

먼저 팽나무는 가을에 익는 열매가 약간 붉은색이 있는 노란색이고, 팽나무 잎은 가장자리 톱니가 잎 절반 정도까지만 있는데 비교적 규칙적인 것이 특징이다. 「풍경소리」에서 미와가 가을에 싱불시에 들어갔으니 그 당시 팽나무에도 등황색 열매가 무수히 달려 있었을 것이다.

좀풍게나무는 주로 중부 이북에서 자라는데, 열매가 노

팽나무는 잎 가장자리 톱니가 잎 절반 정도까지만 있고
열매가 붉은색을 띤 노란색이다.

란색을 거쳐 검은색으로 익는다. 잎 가장자리의 톱니가 잎의 절반 이하로 조금만 나타나고 잎의 가운데맥을 기준으로 양측의 톱니가 비대칭 모양이다.

풍게나무는 한반도 전역에서 자라고 열매가 검은색으로 익으며 잎의 가장자리에 있는 뾰족뾰족한 톱니가 잎의 절반 아래까지 길게 나타나는 점이 특징이다.

이런 기준을 알고 광화문 일대에 있는 팽나무를 보니 의외로 좀풍게나무가 적지 않았다. 허태임 연구원에 의하면 경복궁과 창경궁, 청와대에는 팽나무보다 좀풍게나무

좀풍게나무는 잎 톱니가 비대칭 모양이다. 열매는 노란색을 거쳐 검은색으로 익는다.

가 더 많다. 경복궁 향원정 옆에 있는 근사한 나무도 오랫동안 팽나무인 줄 알았는데, 허태임 연구원의 글을 읽고 살펴보니 검은 열매가 달리는 좀풍게나무였다.

SF·장르 소설에 담긴 꽃들

주인공 이름이 왜 릴리와 데이지일까
김초엽, 『우리가 빛의 속도로 갈 수 없다면』

김초엽의 『우리가 빛의 속도로 갈 수 없다면』은 SF Science Fiction 소설집이다. 작가의 첫 소설집인데도 2019년 출간 이후 30만 부 넘게 판매될 정도로 독자들의 큰 호응을 얻었고 상도 여러 개 받았다.

이 소설을 읽으며 적지 않게 놀랐다. SF소설이지만 이 세상 어딘가에서 일어날 법한, 적어도 머지않은 미래에 일어날 것 같은 이야기라는 느낌을 받았기 때문이다. 인간의 내면을 다양한 각도에서 깊이 있게 응시하는 점이 좋았다. 1993년생 젊은 작가가 어쩌면 이렇게 깊이 있는 시선을 담은 글을 썼는지 감탄하며 읽었다. '웅숭깊은 시선'이라는 표현은 김초엽 소설에 딱 어울리는 것 같다.

젊은 작가의 '웅숭깊은 시선'

이 소설집의 첫 번째 단편 「순례자들은 왜 돌아오지 않는가」의 주인공들은 꽃 이름을 갖고 있다. 과거의 주인공 릴리와 현재의 주인공 데이지 모두 예쁜 꽃 이름이다.

소녀 데이지가 사는 마을에는 18세에 일종의 성년식으로 '시초지' 지구로 1년 동안 순례를 떠나는 관습이 있다. 그런데 순례자 중 일부는 항상 마을로 돌아오지 않고 지구에 남았다. 데이지가 이에 의구심을 품고 그 이유와 릴리의 이야기를 추적하는 것이 이 소설의 줄거리다.

릴리는 인간 배아를 맞춤 디자인해주는 유전자 해커였다. 릴리의 부모는 유전병으로 릴리의 얼굴에 얼룩을 남겼다. 이 때문에 릴리는 유전적 결함이 없는 인간을 만드는 일은 좋은 일이라 생각했다.

릴리는 40세에 이르러 자신의 아이를 갖고 싶었다. 자신의 클론 배아를 아름다움, 지성, 매력 등을 모두 갖춘 배아로 제작했지만 나중에야 자신이 가진 유전병이 들어 있는 것을 발견한다. 이 배아를 폐기할 수도 있었다. 하지만 릴리는 이 배아를 폐기하는 행동이 자기 존재를 부정한다는 것을 깨닫는다.

데이지는 유럽 원산으로, 널리 화단에 심는 꽃이다. 잎은 달걀을 거꾸로 세운 듯한 주걱 모양이다. 데이지 하면 흔히 잉글리시데이지를 가리킨다.

릴리는 배아를 폐기하지 않는 대신 이 아이에게 장애에 대한 편견이 없는 세상을 주고자 지구 밖에 '마을'을 만들었다. 이 마을 사람들은 서로의 결점에 대해 신경 쓰지 않는다. 그렇다면 장애에 대한 인식과 편견이 없는 마을이면 그걸로 충분한 것일까. 항상 순례자 중 일부가 마을로 돌아오지 않고 지구에 남는 것은 무엇이 부족하기 때문일까. 이렇게 한 걸음 더 나아가는 것이 이 소설의 미덕이다.

김초엽 작가는 왜 소설 주인공의 이름을 릴리, 데이지

라 했을까. 작가는 의도적으로 꽃 이름을 주인공 이름으로 쓴 것 같다. 소설 곳곳에 "키 큰 꽃이 잔뜩 심겨" 있다거나 "추위에 움츠렸던 꽃들이 활짝" 같은 문장이 있는 것으로 보아 꽃에 대한 작가의 관심이 적지 않다는 것을 알 수 있다. 작가가 앞으로 내놓을 소설에서 꽃 이야기가 더 많이 나왔으면 좋겠다.

백합의 우리말이 나리

릴리lily는 백합인데, 나팔꽃처럼 생긴 꽃이 여섯 개로 갈라지고 향기가 진한 것이 특징이다. 흔히 백합이라는 이름 때문에 '백합은 하얀 꽃'이라고 생각하는데, 백합의 '백' 자는 흰 백白 자가 아니고 일백 백百 자다. 백합과 나리는 원래 같은 말이다. 백합의 우리말이 나리인 것이다. 그러나 사람들의 인식이 변하면서 향기가 진한 원예종만을 백합이라 부르는 경우가 많아졌다.

원예종 백합은 꽃집에서나 볼 수 있지만, 산이나 화단에서 더 예쁜 우리 자생 나리들을 볼 수 있다. 우리 주변에서 가장 많이 볼 수 있는 대표적인 나리는 참나리다. 나리 중에서도 가장 크고 화려하다고 해서 '참'이라는 접두사가 붙었다. 여름이 무르익는 7~8월이면 많은 꽃송이가

백합은 나팔꽃처럼 생긴 꽃이 여섯 갈래로 갈라졌고 향기가 진하다.
백합의 우리말이 나리이지만, 향기가 진한 원예종만을 백합이라 부르는
경우가 많아졌다.

달리고, 꽃에 검은빛이 도는 자주색 반점이 많아 호랑 무늬를 이룬다. 이 때문에 참나리의 영문명은 '호랑이 나리' tiger lily다.

참나리는 국내 나리 중 유일하게 잎 밑부분마다 까만 구슬인 주아珠芽가 주렁주렁 달려 쉽게 구분할 수 있다. 이 주아로 왕성하게 자손을 퍼뜨려 야생은 물론 도심 화단 등 주변에서도 흔히 볼 수 있는 친근한 꽃이 되었다.

털중나리는 나리 종류 중 가장 먼저 피어 여름의 시작을 알리는 꽃이다. 털중나리는 전국 산에 비교적 흔한 꽃

우리나라 자생 나리들. 참나리(왼쪽 위), 털중나리(오른쪽 위),
말나리(왼쪽 아래), 하늘말나리(오른쪽 아래)다.

이다. 6월 초 이 꽃을 보러 산에 오르는 사람이 적지 않다. 털중나리는 노란빛이 도는 붉은색 꽃잎 여섯 장이 뒤로 확 말리고 꽃잎 안쪽에 듬성듬성 자주색 반점이 있어서 예쁘다. 강렬한 색감과 자신감 넘치는 자태가 오래 보아도 질리지 않는다. 꽃 이름은 줄기와 잎에 미세한 털이 많다고 붙은 것이다.

여름에 등산을 하다 보면 옆을 보고 핀 말나리도 흔히 볼 수 있다. 나리 이름에 '말'이라는 단어가 들어가면 줄기 아래쪽에 여러 장의 돌려나는 잎(돌려나기, 윤생)이 있다는 뜻이다. 말나리는 정확히 옆을 보고 피는 나리다.

하늘말나리는 꽃이 하늘을 향해 피고 돌려나는 잎들이 있는 나리라는 뜻이다. 작가 이금이의 베스트셀러 동화 『너도 하늘말나리야』에서는 하늘말나리가 '알차게 자기 자신을 꾸려나가는 (주인공) 소희'를 상징한다. 이 동화에서 하늘말나리가 하늘을 보고 핀 것을 "무언가 간절히 소원을 비는 것 같다"고 표현했다. 이처럼 하늘말나리는 나리 중에서도 어떤 기품 같은 것을 느끼게 하는 꽃이다.

데이지Daisy는 유럽 원산으로, 관상용으로 널리 가꾸는 여러해살이풀이다. 꽃은 봄부터 가을까지 흰색, 연한 홍색, 홍색 등으로 피고 뿌리에서 나오는 잎은 달걀을 거꾸로 세운 듯한 주걱 모양이다. 데이지 하면 흔히 잉글리시 데이지를 가리킨다. 로즈Rose, 바이올렛Violet, 자스민Jasmine, 달리아Dahlia, 아이리스Iris, 메리골드Marigold 등도 여성 이름으로 많이 쓰이는 꽃 이름이다.

한국 문학의 눈부신 미래

김초엽 작가의 첫 장편소설 『지구 끝의 온실』도 재미있게 읽었다. 소설은 2050~60년대를 배경으로, 인류의 멸망과 재건 과정에서 왕성한 번식력을 가진 모스바나라는 덩굴식물을 둘러싼 미스터리를 파헤쳐가는 내용이다.

소설에서 모스바나는 '세발잔털갈고리'라는 이름과 헤데라 트리피두스*Hedera trifidus*라는 학명까지 나오지만 가상의 식물이다. 헤데라*Hedera*는 송악속屬으로, 여기에는 송악과 아이비 등이 속해 있다.

모스바나는 맹렬하게 퍼져 다른 식물이나 인간에게 피해를 준다는 점에서 가시박 또는 칡을 연상시킨다. 가시박은 북미 원산인 일년생 덩굴식물인데, 1980년대 후반 가시박 줄기에 오이나 호박의 줄기를 붙이는 대목으로 쓰기 위해 도입했다. 이것이 전국의 하천이나 호수 주변으로 급속도로 퍼져 주변 토종 식물들을 덮어 말려 죽이고 있다. 환경부가 지정한 생태계 교란식물 중에서도 가장 큰 피해를 준다.

퇴치 사업을 벌이고 있지만 이미 광범위하게 퍼졌고, 전적으로 인력에 의존하기 때문에 부분적인 제거에 그치고 있는 실정이다. 가시박이란 이름은 열매에 뾰족한 가시가 달려 있어서 얻은 것이다.

요즘에는 자생식물인 칡도 너무 번성해 다른 식물에 피해를 주고 있다. 도로까지 줄기를 뻗어 덮으려고 하는 칡 줄기를 보면 뭔가 대책을 세워야 할 단계에 온 것 같다는 생각이 든다. 옛날엔 사람들이 칡뿌리를 캐서 어느 정도 균형을 이뤘는데, 요즘엔 칡뿌리를 캐는 사람이 드물어서 너무 번성하고 있다. 자생식물만 아니었으면 벌써 생태계 교란식물로 지정됐을 거라는 게 학자들의 얘기다.

작가는 『지구 끝의 온실』을 쓰면서 식물 관련 부분은 원예학을 전공한 아버지의 도움을 톡톡히 받았다고 한다. 그러고 보니 김초엽金草葉이라는 이름도 '풀잎'을 뜻하는 예쁜 이름이다.

1993년생 김초엽 작가는 문학과 어울리지 않을 것 같은 포항공대 출신이다. 이 대학 화학과를 졸업하고 대학원에서 생화학 석사 학위까지 받았다. 그는 어릴 적 칼 세

이건과 『해리 포터』를 함께 읽으며 자랐다고 했다. 그는 한 인터뷰에서 "과학 잡지나 칼럼, 전공 공부에서 아이디어를 많이 얻는 편"이라며 "아이디어를 모아두었다가 서로 연결해서 발전시킨다"고 했다. 소설집 『방금 떠나온 세계』, 장편소설 『파견자들』도 출간했다.

우리나라에서는 장르소설의 입지가 좁았지만 김초엽이나 천선란 같은 '스타 SF 작가'들이 등장하면서 SF 시장의 지형과 다양성이 넓어지고 풍부해진 것 같다.

김초엽은 지금까지보다 앞으로가 더 관심을 모으는 작가다. 국내에서 큰 인기를 얻고 좋은 평가를 받고 있는 것은 물론 세계로 나가고 있다. 『우리가 빛의 속도로 갈 수 없다면』과 『지구 끝의 온실』은 억대 선인세를 받고 미국 초대형 출판사 사이먼앤드슈스터와 계약을 맺었다.

김초엽 작가는 또 2023년 중국 최고 권위 과학소설상인 은하상의 최우수외국작가상을 수상했다. '한국 문학의 눈부신 미래'라는 수식어가 결코 과장이 아닌 것 같다.

술 대신 옥수수수염차
김호연, 『불편한 편의점』

2022년 김호연의 소설 『불편한 편의점』이 계속 베스트셀러 상위권에 있어서 대체 어떤 소설인지 궁금했다. 베스트셀러 롱런에는 나름의 이유가 있을 것이다. 숙명여대 근처 청파동 주택가에 자리 잡은 편의점을 중심으로 벌어지는 일들을 옴니버스처럼 보여주는 소설이었다. 황보름 작가의 장편 『어서 오세요, 휴남동 서점입니다』와 함께 힐링(치유)소설 붐을 일으켰다.

『불편한 편의점』은 서울역 노숙자 출신 독고 씨가 편의점 야간 근무자를 맡으면서 이 편의점에 드나드는 공시생, 무명 시나리오 작가, 세일즈맨, 편의점 사장 아들 등과의 에피소드를 따뜻한 시선으로 그린다. 다음 이야기가 궁금해서 계속 읽게 만드는 힘이 있다. 곳곳에서 보이는 유머러스한 문장도 좋았다. 무엇보다 문장이 깔끔해 읽기가 편했다. 개연성이 떨어지는 부분이 없지 않았지만 세상에는 별일이 다 있으니 그런 일도 이해할 수 있었다.

옴니버스 형식 줄거리를 이어주는 소품 중 하나가 옥수수염차였다. 독고 씨는 알코올성 치매로 기억이 온전하지 않다. 그는 소주를 물처럼 마셨다. 편의점 사장 염 여사가 노숙자인 그를 야간 알바로 채용하는 조건은 더 이상 술을 마시지 않는 것이다.

> 배고픔이 해결되자 스멀스멀 올라오는 알코올중독의 기운은 옥수수염차를 마시며 내리눌렀다. 왜 옥수수염차냐고? 술 대신 마실 음료를 찾아야 했을 때 그것이 원 플러스 원 메뉴였기 때문이다. 플라세보 효과인지 몰라도 옥수수염차를 마시면 한결 갈증이 풀렸고 음주 욕구를 조금이라도 눌러놓을 수 있었다. (『불편한 편의점』, 나무옆의자, 231쪽)

독고 씨가 편의점에 들러 술로 시름을 푸는 고객들에게 권하는 것도 옥수수염차였다. 맨날 게임만 하는 아들 때문에 속상해하는 선숙 씨에게도, 퇴근길 밤 11시 편의점 야외 테이블에서 '참참참'으로 혼술하는 경만 씨에게도 옥수수염차를 권하고, 자신을 미행하는 흥신소 곽 씨와 건배할 때도 옥수수염차를 든다. 색깔이 위스키와 비슷해 술 마시는 기분이 나서 술 대신 마시는 데 좋다고 했다. 경만 씨는 '참참참', 그러니까 참깨라면에다 참치김밥을 안주 삼아 참이슬 소주 한 병 마시고 귀가하는 고달픈 의료기기 영업사원이다. 소설에서 옥수수염차는 사람과 사람 사이 경계심의 벽을 허무는 역할을 한 것 같다. 편의점 사장 염 여사가 떠나는 독고 씨에게 마지막으로 선물한 것도 '산해진미 도시락'과 옥수수염차였다.

옥수수염은 꽃가루 전달 통로

옥수수염차를 만드는 이 옥수수염은 옥수수에서 어떤 기능을 하는 것일까. 옥수수를 보면 껍질이 옥수수 알갱이를 싸고 있고 옥수수염이 밖으로 나와 있는 특이한 형태다.

옥수수는 수꽃과 암꽃이 한 대에 있다. 수꽃은 줄기의 맨 윗부분에 늘어지듯 달리고 암꽃은 아래쪽 잎겨드랑이에 달린다. 옥수수 같은 풍매화 식물에게 중요한 것은 자기 꽃가루가 암꽃에 앉는 자가수정을 피하는 것이다. 옥수수가 쓰는 방법은 시차 성숙이다. 수꽃이 먼저 피어 꽃

잎겨드랑이에 달리는 옥수수 암꽃. 옥수수수염이
밖으로 나와 있는 특이한 형태다.

가루를 날린 다음 며칠 후 암꽃이 성숙해 남의 꽃가루를
받는 방식이다.

우리가 먹는 옥수수 부분은 암꽃차례로, 꽃차례를 이루
는 암꽃 하나하나가 열매를 맺는다. 아마도 옥수수는 암
꽃과 열매를 보호하기 위해 껍질(꽃싸개잎)로 감쌌을 것
이다. 그런데 문제가 생겼다. 수꽃의 꽃가루를 받아 수정
해야 하는데 껍질이 싸고 있으니 그 길이 막힌 것이다. 옥
수수는 이 문제를 긴 암술대를 만들어 껍질 밖으로 빼내
는 것으로 해결했다. 이 긴 암술대가 바로 옥수수수염이

다. 수꽃 꽃가루가 이 암술대 끝부분에 앉은 다음 암술대를 따라 들어가 암꽃에 이르는 것이다. 우리는 수정 과정에서 꽃가루가 이동하는 통로 역할을 하는 기관으로 차를 만들어 마시는 셈이다.

옥수수는 열대 아메리카 원산으로, 아메리카 대륙 인디언들의 주식이었다. 쌀, 밀과 함께 세계 3대 식량 작물 중 하나다. 아메리카 대륙에 도착한 유럽인들은 원주민들의 옥수수를 스페인으로 가져가 유럽 전역에 퍼뜨렸다. 이것이 16세기 들어 중국 명나라를 거쳐 임진왜란 때 우리나라에 전해졌다. 옥수수를 일컫는 강냉이라는 말은 임진왜란 당시 명나라 원군 중 양쯔강 이남, 즉 강남에서 차출한 군대가 군량으로 가져온 것이라고 붙은 이름이다.

이유미 전 국립수목원장은 『광릉 숲에서 보내는 편지』에서 쓰러져도 오뚝이처럼 일어서는 놀라운 생명력을 가진 것이 옥수수라고 소개했다. 옥수수는 원래 뿌리가 있던 곳에서 세 마디쯤 위쪽에서 줄기를 빙 둘러서 굵은 뿌리가 나오는데, 쓰러지더라도 기울어져 있는 부분의 뿌리가 굵고 실세 나와 뻗으면서 줄기를 받쳐 스스로를 일으켜 세운다는 것이다.

작가 김호연은 1974년 서울 출신으로 고려대 국문학과를 졸업했다. 오랜 기간 무명의 시나리오 작가, 만화 스토리 작가, 출판편집자 등으로 일하다 서른셋의 나이에 소설을 쓰기 시작했다. 2013년 『망원동 브라더스』로 세계문학상을 수상하기도 했지만 후속으로 쓴 세 편의 장편소설이 모두 외면당했다. 14년의 무명생활 끝에 2021년 『불편한 편의점』으로 대박을 터뜨렸다. 1·2권 합쳐 150만 부가 판매되는 기염을 토한 것이다. 교보문고 집계 기준으로 2022년 종합 베스트셀러 1위였다. 문학상을 받은 것도 아니고 대형 출판사가 낸 책도 아닌데 독자의 힘만으로 만든 놀라운 기록이다. 이 책은 20여 개국에 판권이 팔렸고 타이완에서는 출간 직후 번역문학 부문 베스트셀러 1위를 기록했다. 작가는 2024년 장편소설 『나의 돈키호테』를 출간했다.

모든 작가에게 꿈의 수치인 밀리언셀러를 만든 것이 부럽기도 했지만, 그가 오랜 무명 시절을 어떻게 버텼는지 궁금하기도 했다. 작가는 한 인터뷰에서 "결국 글쓰기가 저에게 치유더라"며 "쓰는 삶을 살기 위해 여러 상처를 입었지만, '쓰는 일'은 저에게 위로였다"고 말했다.

이 땅에 뿌리내리기 쉬운 품종

박완서 작가가 1975년 쓴 단편소설 「카메라와 워커」에서는 옥수수라는 작물이 상당히 중요한 소재이자 상징으로 나온다. 박완서 작가의 다른 소설처럼 이 소설도 자전적인 성격이 강한 작품으로 6·25 전쟁 때 목숨을 잃은 오빠의 아들, 그러니까 작가의 조카에 대한 이야기다.

주인공은 오빠가 전쟁 중 참혹하게 죽고 올케도 폭사해 어머니와 함께 어린 조카 훈이를 키운다. 주인공 어머니의 소원은 손자가 좋은 대학을 나와 "결혼해서 일요일이면 처자식 데리고 카메라 메고 놀러 나가고 당신은 집을 봐주는" 것이다. 조카는 대학을 무사히 졸업했지만 취직은 쉽지 않았다. 겨우 얻은 일자리는 영동고속도로 건설 현장의 임시직이었다. 현장소장이 가르쳐준 준비물에는 작업할 때 신을 워커도 있었다.

그런데 훈이는 한여름이 되도록 연락 한 번 없다. 주인공은 오대산 월정사 입구 공사 현장으로 훈이를 찾아간다. "참 옥수수도 많은 고장"이었다. 훈이는 너무나 열악한 환경에서 일하고 있었다. 주인공은 훈이에게 서울로 돌아가자고 하지만, 훈이는 더 비참해지고 싶다며, 그래서 "고모와 할머니로부터, 그리고 이 나라로부터 순조롭게 놓여"나고 싶다며 거절한다. 주인공이 공사 현장을 떠날 때 다시 옥수수가 나온다.

> 드디어 버스가 오고 나는 그것을 혼자서 탔다. 나는 훈이에게 몇 번이나 돌아가라고 손짓했으나 훈이는 시골 버스가 떠나기까지의 그 지루한 시간을 워커에 뿌리라도 내린 듯이 꼼짝 않고 서 있었다. 나는 그게 보기 싫어 먼 데를 바라보았다. 논의 벼는 비단 폭처럼 선연하게 푸르고, 옥수수밭은 비로드처럼 부드럽게 푸르고, 먼 오대산의 연봉의 기상은 웅장하고, 오대산에서 흘러내린 맑은 물이 도처에서 내와 개울을 이루고 있다. 아름다운 고장이다. 이 땅 어디메고 아름답지 않은 곳이 있으랴. 그러나 아직도 얼마나 뿌리내리기 힘든 고장인가. (『부끄러움을 가르칩니다』, 문학동네, 381쪽)

주인공은 돌아오는 길에 조카 훈이를 "이 땅에 뿌리내리기 가장 쉬운 무난한 품종"으로 키운 것이 빗나간 것이었음을 자인하며 무엇이 잘못된 것이었는지 혼란을 느낀다. "이 땅에 뿌리내리기 가장 쉬운 무난한 품종"을 옥수수라고 생각해도 무리는 아닐 것이다.

박완서의 단편 「카메라와 워커」의 배경인 오대산 입구 옥수수밭.

제목 「카메라와 워커」는 각각 주말 여가를 누릴 수 있을 만큼 여유 있는 중산층의 삶과 한군데 뿌리내리지 못하고 힘겹게 살아가는 삶을 상징하는 것 같다. 문학평론가인 고 김윤식 서울대 교수는 이 작품이 "시대정신에 대한 미미하나 매우 중요한 비판의식을 밑바닥에 깔고 있다"고 높이 평가했다.

메리골드 꽃말로 쓴 힐링 소설
윤정은, 『메리골드 마음 세탁소』

　윤정은의 『메리골드 마음 세탁소』는 2023년 3월 출간 후 30만 부 넘게 판매되었다. 더구나 영미권 최대 출판그룹 펭귄랜덤하우스와 10만 달러 선인세 계약까지 체결했다고 하니 어떤 소설인지 궁금했다. 김호연의 『불편한 편의점』, 황보름의 『어서 오세요, 휴남동 서점입니다』, 이미예의 『달러구트 꿈 백화점』 등과 함께 근래 유행하는 '힐링 소설'을 대표하는 작품 중 하나다.

꽃말은 '반드시 오고야 말 행복'
　소설은 주인공이 '메리골드'라는 바닷가 마을에서 '마음 세탁소'를 운영하면서 벌어지는 일을 다룬다. 주인공은 마음속 얼룩을 지울 수 있는 마법을 갖고 있다. 그래서 옷에서 얼룩을 빼듯 마음 세탁소에 찾아오는 사람들의 아픈 기억을 잊게 할 수 있다. 소설의 등장인물들이 아픈 기억을 잊으면 마음의 평온을 얻는 것처럼 상당수 독자들이 이 책을 읽으며 마음의 위안을 얻는 것 같다. 읽고 나서 이런 소설을 뭐라고 불러야 하나 생각했는데 출판사는 '힐링 판타지소설'이라고 소개하고 있었다.

소설 제목에도 나오는 메리골드Marigold는 팬지, 페튜니아, 베고니아, 제라늄 등과 함께 도심을 장식하는 길거리 꽃 중 하나다. 노란색 또는 황금색 잔물결 무늬 꽃잎이 겹겹이 펼쳐진 모양의 꽃으로, 봄부터 가을까지 꽃이 피고 독특한 향을 가진 것이 특징이다. 꽃 이름에 익숙지 않은 사람도 메리골드 사진을 보면 "아, 이게 그 꽃이야?"라고 할 정도로 길거리에 흔한 꽃이다. 메리골드라는 이름의 호텔도 세계 곳곳에 많다.

많은 꽃 중 왜 메리골드인지 궁금했다. 메리골드가 주인공의 엄마가 좋아하던 꽃 이름과 같은 이름의 도시여서 고른 동네라는 문장이 있다. 주인공이 환생을 거듭하며 사랑하는 가족을 찾아 헤매는 것이 소설의 뼈대 중 하나인데 주인공이 방황을 멈추고, 있는 그대로의 나를 인정하고, 오늘을 살아가기로 결심하는 날, 메리골드가 선명하게 등장한다.

아프리칸메리골드. 한 꽃송이가 주황색이나 노란색 꽃만으로 핀다.
잔물결 무늬 꽃잎이 겹겹이 펼쳐진 모양이다.

순간, 주변을 동그랗게 맴돌고 있던 꽃잎들이 빠르게 회전하며 주황색으로 변색한다. 무슨 일이 벌어지는 걸까. 심장에 포갠 손을 하나씩 천천히 떼어낸다. 흔들리던 꽃잎들이 삽시간에 심장으로 빨려 들어온다. 마지막 꽃잎 하나를 손에 쥐고 자세히 살펴본다. 메리골드다. 이 도시와 같은 이름의 꽃이다. 양손으로 조심히 꽃잎을 쥐고 꽃말을 나지막이 읊조려본다.

"반드시 오고야 말 행복…"(『메리골드 마음 세탁소』, 북로망스, 231쪽)

프렌치메리골드. 한 꽃송이에 주황색과 노란색이 함께 나타나 있다.
향이 독특하다.

소설에서 상당히 중요한 부분으로 메리골드의 꽃말을 중요한 포인트로 사용했다. 메리골드는 다른 원예종처럼 색과 종류가 다양하다. 한 꽃송이에 주황색과 노란색이 함께 나타나는 프렌치메리골드는 만수국, 주황색 또는 노란색만으로 피는 아프리칸메리골드는 천수국이라고도 부른다. 일반적으로 천수국이 만수국보다 꽃이 크다. 둘 다 메리골드라고 불러도 무방하다.

필자는 메리골드 하면 발리가 떠오른다. 발리에 가보니 어디를 가나 메리골드를 볼 수 있었다. 우선 발리 사람들

발리에서 만난 '차낭사리'(Canang sari). 힌두교를 믿는 발리인들이 신에게 바치는 예물이다. 메리골드가 빠지지 않는다. 발리 시장에서 주황색 메리골드를 큰 봉지에 담아 팔고 있다.

이 신에게 바치는 '차낭사리'Canang sari에 메리골드가 빠지지 않았다. 차낭사리는 힌두교를 믿는 발리인들이 신에게 바치는 예물이다. 코코넛 잎을 길게 잘라 접시 모양을 만든 다음 그 위에 다양한 빛깔의 꽃과 음식을 조금씩 담은 것이다. 차낭사리는 집이나 거리, 가게 등 어디서나 흔히 볼 수 있다.

차낭사리만 아니라 가게와 거리를 장식하는 데도 메리골드를 많이 쓰고 있었다. 이렇게 많이 쓰이니 메리골드를 재배하는 밭이 곳곳에 있었고 시장에서는 큰 봉지에 담아 팔고 있었다. 발리 여인들이 아침마다 메리골드가 든 차낭사리를 집 안팎에 놓는 모습을 볼 수 있다. 그걸 보는 것만으로도 마음이 차분해진다.

『메리골드 마음 세탁소』를 읽을 때 독자의 마음을 어루만지는 듯한 편안한 문장은 발리의 아침에 차낭사리를 만난 듯한 느낌도 들었다. 이 소설이 국내에서 대박이 나고 영미권 출판사에서 거액을 주고 선인세 계약을 체결했다고 하니 시대 흐름이 바뀌었음을 느낄 수 있었다.

이런 종류의 소설이 순문학과 장르문학의 장점을 취했다는 의미에서 '업마켓 소설'Upmarket Fiction이라고 부른다는 설명도 보았다. 장르문학과 순문학이라는 이분법적인 구분은 독자들에게 이제 큰 의미가 없는 것 같다.

1981년생 작가 윤정은은 20대에 에세이 작가로 시작해 2018년 『하고 싶은 대로 살아도 괜찮아』 등 여러 권의 에세이집을 냈다. 『메리골드 마음 세탁소』는 그의 첫 장편소설이다. 후속작으로 『메리골드 마음 사진관』을 출간했다. 작가는 한 인터뷰에서 플로리스트 초급 자격증이 있을 정도로 꽃을 좋아한다고 했다.

길거리꽃도 세대교체 중

꽃말은 꽃의 특징에 따라 상징적인 의미를 부여한다. 『메리골드 마음 세탁소』에서처럼 꽃말은 꽃에 대한 사람들의 관심과 접근성을 높여주는 요인 중 하나이기도 하다. 그래서 해외에서는 신품종 꽃을 개발했을 때 이름 못지않게 꽃말을 만드는 데도 신경을 쓰고 신품종을 발표할 때 꽃말도 함께 발표한다.

그러나 꽃말은 각국의 풍토나 문화에서 유래한 경우가 많아 나라마다 차이가 있고 시대에 따라 변하기도 한다. 명확한 기준도 없다. 그래서 작위적이고 중구난방이라는 느낌도 든다. 이 때문인지 식물을 공부하는 사람들은 꽃말을 중시하지 않는다. 하지만 꽃의 스토리를 더욱 풍성하게 하는 측면도 있어서 꽃에 관한 문화 중 하나로 받아들일 필요는 있는 것 같다.

메리골드는 팬지·페튜니아·베고니아·제라늄과 함께 필자가 '5대 길거리꽃'으로 정의한 꽃 중 하나다. 우리 주변에는 기존 길거리꽃 말고도 흔하게 볼 수 있는 원예종 꽃이 많아졌다. 2023년 한 해 동안 꽃 이름을 알려주는 앱 '모야모'에 질문이 많이 올라온 순서는 큰금계국, 버들마편초, 샤스타데이지, 가우라, 수레국화, 꽃범의꼬리 등이었다.

큰금계국은 요즘 '여름 대세 꽃'이다. 6~8월에 도심 화단은 물론 도로변과 산기슭에서 노란 물결을 만든다. 금계국이라는 이름은 꽃 색깔이 황금색 깃을 가진 '금계'라는 새와 닮아 붙인 것이다. 그냥 금계국은 혀꽃의 안쪽에 붉은색 무늬가 살짝 있는 점이 다른데 보기가 쉽지 않다.

버들마편초는 남미 원산의 여러해살이풀인데 보라색으로 하늘거리는 모습이 예뻐서 근래 꽃밭에 많이 심는다. 줄기는 2미터에 이르며 네모지고 까칠까칠하다. 꽃은 6~9월에 붉은보라색으로 핀다. 속명인 버베나*Verbena*라고 부르기도 한다.

샤스타데이지는 여름에 흰색의 꽃이 줄기 끝에 한 송

큰금계국(위)은 6~8월에 도심 화단은 물론 도로변과 산기슭을 노랗게 물들이는 꽃이다. 버들마편초(아래)는 6~9월에 붉은 보라색 꽃이 핀다. 보라색으로 하늘거리는 모습이 예뻐서 근래 꽃밭에 많이 심는다.

샤스타데이지(왼쪽)는 여름에 줄기 끝에 흰색의 꽃이 한 송이씩 피는 원예종이다. 가을에 피는 구절초 비슷하게 생겼다고 여름구절초라고도 부른다. 가우라(오른쪽)는 흰색 또는 옅은 분홍색으로 늦은 봄부터 가을까지 피는 꽃이다. 나비바늘꽃 또는 백접초라고도 부른다.

이씩 피는 원예종이다. 가을에 피는 구절초 비슷하게 생겼다고 여름구절초라고도 부른다. 키는 40~80센티미터 정도이고 잎 가장자리에 톱니가 있다. 미국 원산으로, '샤스타'Shasta는 미국 인디언 말로 흰색이라는 뜻이다.

가우라Gaura는 흰색 또는 옅은 분홍색으로 늦은 봄부터 가을까지 피는 꽃이다. 꽃이 오래가서 화단이나 길가에 많이 심어놓은 것을 볼 수 있다. 꽃이 피어 바람에 흔들리는 모습이 나비 같다고 나비바늘꽃 또는 백접초라고도 부른다. 이런 좋은 이름이 있는데, 왜 군이 국가표준식물

수레국화(왼쪽)는 보랏빛을 띤 청색 꽃이 주를 이룬다. 유럽 원산의 원예종이지만 일부는 야생에서도 자란다. 꽃범의꼬리(오른쪽)는 연한 홍색 또는 흰색으로 피는 꽃이다. 북미 원산으로, 한여름에 볼 수 있는 대표적인 여름꽃이다.

목록에서 가우라라는 외래어 속명을 추천명으로 했는지 모르겠다.

수레국화는 다양한 색깔이 있지만 보랏빛을 띤 청색이 주를 이룬다. 유럽 원산의 원예종이지만 일부는 야생에서도 자란다. 넓은 꽃밭이나 도로를 낸 언덕 등에 많이 심어 놓은 것을 볼 수 있다. 독일의 국화國花이기도 하다.

꽃범의꼬리는 꿀풀과 식물로, 연한 홍색 또는 흰색으로 피는 원예종이다. 북아메리카 원산인 여러해살이풀로, 도심 화단에서 흔히 볼 수 있다. 한여름에 볼 수 있는 대표적인 여름꽃이라고 할 수 있다. 범꼬리는 이름이 비슷하지만 우리나라 산에서 자생하는 다른 식물이다.

  시대에 따라 소설에 나오는 꽃들도 달라지고 있다. 그동안 우리 소설에 팬지, 페튜니아, 베고니아, 메리골드, 제라늄 등 기존 길거리꽃이 자주 등장했다면 앞으로 나올 소설은 큰금계국, 버들마편초, 샤스타데이지 등 새로운 길거리꽃이 많이 나오지 않을까 싶다.

어느 날 오른손이 브로콜리로 변한 남자
이유리, 「브로콜리 펀치」

어느 날 아침 갑자기 오른손이 브로콜리로 변해버린 남자가 있다. 이유리의 단편 「브로콜리 펀치」에서 일어난 일이다.

> 원준의 오른손을 붙잡고 이리저리 살펴보았다. 팔뚝 가운데쯤부터 점점 푸르스름하게 물들기 시작해서 가장자리가 깔쭉깔쭉한 잎사귀들로 감싸이고, 손가락은 연둣빛 줄기가 되어 끝으로 모여서는 아프로 펀치파마같이 뽀글뽀글 큼직한 푸른 송이를 이룬 그러니까 완벽한 브로콜리, 빼도 박도 못하도록 브로콜리였다. 게다가 참 실하기도 하지, 슈퍼에서 마주쳤다면 무심코 덥석 집어 들었겠다 싶을 만큼 신선하고 굵직해서 나도 모르게 감탄하며 매만질 수밖에 없었다. (『브로콜리 펀치』, 문학과지성사, 80쪽)

화자가 이 남자친구를 데리고 병원에 가자 사람들은 "어머 브로콜리 저거 정말 오랜만에 보네", "저렇게 큼직한 브로콜리가 되다니 고생이 이만저만 아니겠는걸"이라고 한마디씩 하느라 시끄럽다.

사람의 손이 브로콜리로 변했다니. 무슨 해괴한 소리인가 싶지만 이유리 소설에서 이 정도는 별로 이상한 일이 아니다. 이유리의 소설집 『브로콜리 펀치』에 있는 다른 소설에서는 죽은 아버지가 나무로 변신해 연애까지 하고(「빨간 열매」), 사고를 당해 물에 빠져 죽지만 사후 공간으로 이동해 외계인들과 대화하고(「둥둥」), 5년 전 죽은 남자친구가 손톱에 빙의해 나타나고(「손톱 그림자」), 이구아나가 사람처럼 굴기(「이구아나와 나」) 때문이다.

오른손이 브로콜리가 된 이유는 '마음의 짐이 커서'였다. 원준은 복싱 선수로 상대를 잘 때려눕히려면 우선 억지로라도 상대방을 미워하려고 노력해야 했다. 원준은 평소에 여자친구를 만나 세상만사를 스스럼없이 얘기했지만, 복싱에 대한 이야기에서만큼은 자신의 감정을 숨겼다. 브로콜리 모양의 손은 눈에 보이지 않는 마음의 상처를 가시적으로 드러내는 장치다.

이 문제를 해결하기 위해 화자와 원준, 안필순 할머니

시장에서 산 브로콜리. 배추와 같은 십자화과 채소다.

일행은 함께 산에 오른다. 원준은 산 중턱 낭떠러지에서 우렁차게 노래를 부르며 응어리를 풀어내고 할머니가 싸 온 음식을 양껏 먹는다. 그러자 원준의 브로콜리는 '작은 불꽃' 같은 폭발을 보이며 예쁜 꽃을 수없이 피워내기 시작한다. 마음의 상처가 치료되기 시작하는 것이다.

처음 소설을 읽을 때 황당한 이야기라고 생각했지만 이상하게도 어느새 소설에 몰입해 책장을 넘기고 있었다. 왜 브로콜리가 생겼는지, 어떻게 치료해야 하는지가 궁금해 단숨에 끝까지 읽지 않을 수 없었다.

요즘 젊은 작가들 사이에서 판타지소설이 유행처럼 번

지고 있다. 윤정은의 『메리골드 마음 세탁소』, 이미예의 『달러구트 꿈 백화점』 같은 소설이 대표적이다. 현재 존재하지 않는 과학기술이 보편적으로 실현된 공간을 그린 SF소설도 마찬가지다. 하지만 『브로콜리 펀치』는 다른 판타지소설과 결이 다르다. 다른 판타지소설은 처음부터 판타지라고 생각하고 읽는데 이유리식 판타지는 현실과 생활 속에 잘 녹아들어 있어서 아주 자연스럽게 느껴진다. 문학평론가 소유정의 해설대로 "환상과 현실의 경계가 불분명할 정도"다.

브로콜리·배추·콜라비는 한 뿌리

소설에는 채소 중 하나인 브로콜리가 나오는데 어떤 식물 이야기로 확장할 수 있을까 걱정하는 분도 있을 것이다. 걱정할 필요가 없다. 사실 필자는 브로콜리에 대해 할 이야기가 있어서 이 소설에 관심을 가졌다.

배추, 브로콜리, 콜라비, 콜리플라워, 케일, 브뤼셀Brussels 등의 공통점은 무엇일까? 모양도 다양하고 맛도 다른 것 같은 이 채소들은 놀랍게도 모두 하나의 식물인 야생 겨자를 품종 개량해서 만들었다는 것이다.

2022년 카오스 식물 강연 시리즈를 들었는데, 9강이 포

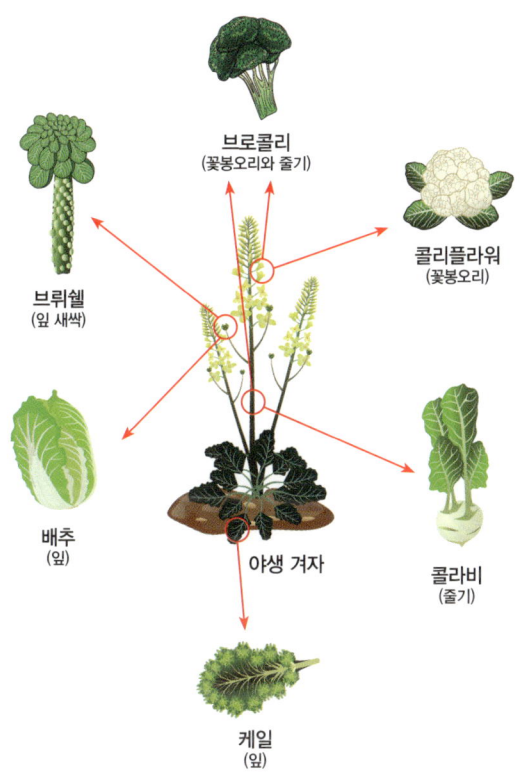

야생 겨자에서 특정 부위가 발달한 것을 반복 선택한 결과
배추, 콜라비, 브로콜리, 콜리플라워, 케일, 브뤼셀 등이 만들어졌다.

스텍 생명과학과 최규하 교수의 '식물 유전학과 육종의 역사'였다. 이 강연을 들으면서 배추, 콜라비, 브로콜리, 콜리플라워, 케일, 브뤼셀의 조상이 같다는 사실에 놀랐다. 조상이 같은 정도가 아니라 같은 종에서 나온 품종들이라니! 그것을 정리해놓은 것이 위의 그림이다.

그 종은 바로 야생 겨자 식물 브라시카 올레라케아 *Brassica oleracea*다. 지금의 겨자와는 다른 종이다. 이 하나의 종에서 인류가 무엇을 선택하느냐에 따라 다양한 채소가 나왔다. 인류가 계속 자연변이를 선택한 결과였다. 그러니까 야생 겨자는 꽃봉오리가 큰 것, 잎이 큰 것 등 조금씩 자연변이를 하는데, 필요에 따라 꽃봉오리가 큰 것을 골라 심고, 그중에서 또 꽃봉오리가 큰 것을 골라 심는 것을 오랜 시간 반복한 결과 오늘날 브로콜리가 탄생했다는 것이다. 같은 방식으로 야생 겨자에서 잎 속이 단단하게 뭉치는 것을 계속 선택한 것이 배추, 꽃봉오리가 좋은 것을 선택한 것이 콜리플라워, 줄기가 좋은 것을 선택한 결과가 콜라비, 잎이 좋은 것을 선택한 것이 케일, 잎 새싹이 좋은 것을 선택한 것이 브뤼셀이다.

식물은 4억 년 전 최초로 출현해 오늘날까지 진화를 거듭하고 있다. 그런 식물의 역사에서 인류가 큰 것, 원하는 것을 고른 시간은 극히 짧은 시간에 불과할 텐데 그 시간에 오늘날 같은 변화가 발생했다는 사실이 놀랍다.

고마운 십자화과 식물

브로콜리는 십자화과 채소다. 십자화과는 꽃잎이 네 장

배추꽃(왼쪽)과 무꽃(오른쪽). 배추꽃은 노란색, 무꽃은 연한 자주색 또는 흰색이지만 같은 과 식물이라 형태가 비슷하다.

으로 이루어져 있어서 꽃 모양이 십자 모양이라고 붙은 이름인데, 대부분 먹을 수 있는 고마운 식물들이다.

일단 배추와 무가 대표적인 십자화과 식물이다. 그러고 보면 배추꽃과 무꽃은 색깔은 다르지만 모양이 비슷하다. 배추꽃은 유채꽃 비슷한 노란색이고, 무꽃은 꽃잎이 연한 자주색 또는 흰색이다. 무와 배추의 꽃줄기를 장다리라고 한다. 키가 큰 사람을 비유적으로 쓰는 표현이기도 하다. 그래서 배추와 무의 꽃을 장다리꽃이라고도 부른다. 동요

결혼식장에서 부케용으로 많이 쓰는 스토크. 십자화과 꽃답게 식용 가능하고 향기도 좋다.

「잠자리」에서 "잠자리 날아다니다 장다리꽃에 앉았다"에 나오는 그 꽃이다.

봄철 나물을 대표하는 냉이도 십자화과 식물이다. 냉이 꽃은 자잘해 잘 보이지 않지만 잘 살펴보면 꽃잎이 네 장씩 있는 것을 볼 수 있다. 최근 결혼식장에서 부케용으로 많이 쓰이는 스토크도 십자화과 꽃답게 식용 가능한 꽃 중 하나인데 향긋한 무순 맛이 난다. 봄의 시작을 알리는 유채는 배추와 양배추의 자연교잡종이니 당연히 십자화

애기장대는 초봄 긴 꽃대를 올려 작은 흰 꽃을 피운다. 식물 실험에서 대표적인 모델 식물로 쓰여 인류에게 식물의 비밀을 알려준다.

과 식물이다.

역시 십자화과인 애기장대는 또 다른 방식으로 인류에게 도움을 준다. 애기장대는 뿌리잎이 열 개 정도 로제트형으로 모여난 다음 긴 꽃대를 올려 작은 흰 꽃을 피우는 식물이다. 냉이 비슷하게 생겨 냉이려니 하고 지나치는 경우가 많다. 우리나라 산기슭이나 길가와 화단에서 냉이와 어울려 사는 것을 볼 수 있다.

식물과학자들의 강연을 듣다 보면 "애기장대로 실험했

더니…"라는 말을 자주 들을 수 있다. 이 식물이 식물 실험에서 자주 쓰이는 대표적인 모델 식물이기 때문이다. 애기장대는 싹이 나온 지 6주가 지나면 꽃이 핀다고 한다. 생장주기가 짧아 빨리 자라고 빨리 꽃이 핀다. 게다가 애기장대는 유전자 조작이 쉽고 유전체^{genome} 크기도 작아서 배양이 용이해 실험 재료로 적합하다고 한다. 모델 식물로 장점이 많은 애기장대가 인류에게 식물의 비밀을 아낌없이 알려주고 있다.

식물을 통해 사랑의 방식을 깨닫다

1990년생 이유리는 상상력이 가득한 소설, 산뜻하고 재미있는 소설을 쓴다는 평을 듣는 젊은 작가다. 2020년 경향신문 신춘문예로 등단했다. 작가는 한 신문 기고 글에서 소설집 『브로콜리 펀치』에 대해 "오랜 시간에 걸쳐 띄엄띄엄 쓴 작품들을 모아 보니 모든 이야기가 서로 비슷한 결을 공유하고 있었다. 각자의 방식으로 서로를 사랑하고 위로하는 이야기"라고 했다. 「브로콜리 펀치」에서도 남자친구를 적절하게 위로하고 용기를 주는 화자의 따뜻한 시선을 느낄 수 있다.

작가의 소설을 읽다 보면 매끈매끈한 빨간 열매, 푸릇

한 풀 냄새 등과 같이 식물을 유심히 관찰한 사람만이 쓸 수 있는 감각적인 표현들을 만날 수 있다. 작가는 스스로를 집에서 식물을 돌보는 '식집사'라고 표현하고 '식멍'(식물 멍하니 바라보기)이 취미 중 하나라고 말할 정도다. 작가는 식물을 통해 사랑의 새로운 방식을 알아간다고 했다. 식물마다 필요한 비료와 물 주는 횟수가 다르듯 "사랑이란 상대가 무엇을 원하는지를 먼저 알아야 한다는 걸 깨달았다"는 것이다.

꽃 이름 찾아보기

ㄱ

가시박 246, 270, 271
가우라 290-293
갈매나무 89
감국 68, 105
개나리 181-183
개망초 19-21, 221, 239-246
갯쑥부쟁이 106, 107
구상나무 114-117
구절초 68, 105, 291
귤나무 54, 55
금강초롱꽃 235, 237, 238
꽃범의꼬리 290, 293
꽃양배추 181, 183, 184, 186-188

ㄴ

낮달맞이꽃 221, 222
냉이 301, 303
녹나무 165-169
녹보수 163-165
느티나무 61, 251, 256

ㄷ

달맞이꽃 215-221
대만고무나무 48
데이지 263-265, 269, 270
도라지 144, 227-235
두릅나무 163, 165, 252
떡갈잎고무나무 142, 213

ㄹ

라넌큘러스 208-210
라일락 65, 67, 70-75
란타나 41, 42
리시안셔스 205-209

ㅁ

말나리 268, 269
망초 221, 243-246

매미꽃 68-70
매실나무 147, 148, 154, 156-158
머귀나무 57-60, 64
메리골드 270, 283-290, 294
명아주 248
목련 193, 196-200, 222-224
무 301
무화과나무 47, 121, 126-129, 213
물오리나무 176, 177
민들레 82-84, 220, 244

ㅂ
바랭이 246-248
방가지똥 83-85
배나무 80-82
배추 183, 188, 298-301
백목련 199, 200
백합 266, 267
버드나무 173, 178, 179, 255
버들마편초 290, 291, 294
벌개미취 68, 105
벚나무 148, 152, 154, 156, 157, 211
베고니아 284, 290, 294

벤자민고무나무 211-213
벵갈고무나무 43-48, 126, 127, 141-143, 213
병솔나무 32
복숭아나무 40, 151
부겐빌레아 35-39
분꽃 25-27
분홍낮달맞이꽃 221, 222
브로콜리 295-300, 304
브뤼셀 298-300
비비추 70, 71

ㅅ
사과나무 55, 56, 152
사방오리 177, 178
사탕수수 43, 44
산국 68, 105
산철쭉 21-24
살구나무 147, 148, 154, 156-158
샤베트 튤립 135-138
샤스타데이지 290, 292, 294
섬초롱꽃 235-238
수국 172
수레국화 290, 293
수선화 89-92, 94-98

수수꽃다리 74, 75
스토크 302
쑥부쟁이 68, 105, 106

ㅇ

아몬드나무 147-156
알라만다 40, 41
왕바랭이 246-248
왕팽나무 257
애기장대 302-304
야생 겨자 299, 300
엉겅퀴 50, 83
영산홍 21, 23, 24
오리나무 175-178
오히아 레후아 31-33
옥수수 273-277, 279-281
유럽피나무(린덴바움) 121-123
유채 301, 302
익소라 40, 41
인도고무나무 141, 213
인도보리수 48, 128
일월비비추 70, 71

ㅈ

자목련 200, 201
자주목련 201

장미 206, 208, 209, 220
전나무 111, 113-119, 211
제라늄 284, 290
좀풍게나무 256-259
주목 119, 179
진달래 17-19, 21, 22, 24

ㅊ

참나리 266-268
천선과나무 126-128
철쭉 21, 22, 24
청가시덩굴 104
청미래덩굴 102-104, 106
초롱꽃 235-238
측백나무 62-64, 179
칡 270, 271

ㅋ

케일 298-300
콜라비 298-300
콜리플라워 298-300
큰금계국 290, 291, 294
큰방가지똥 83-85

ㅌ

털중나리 267-269

ㅍ

파드득나물 254, 255
팬지 284, 290, 294
팽나무 251-253, 256-259
페튜니아 284, 290, 294
편백 63, 64
풍게나무 257, 258
플루메리아 31, 34, 35, 38, 39
피나물 69

ㅎ

하늘말나리 43, 49, 50, 268, 269
하와이무궁화 39, 40
함박꽃나무 201, 202
화백 63
해피트리 159-165
협죽도 39, 40

꽃을 사랑한 젊은 작가들

지은이 김민철
펴낸이 김언호

펴낸곳 (주)도서출판 한길사
등록 1976년 12월 24일 제74호
주소 10881 경기도 파주시 광인사길 37
홈페이지 www.hangilsa.co.kr
전자우편 hangilsa@hangilsa.co.kr
전화 031-955-2000-3 **팩스** 031-955-2005

부사장 박관순 **총괄이사** 김서영 **관리이사** 곽명호
경영이사 김관영 **편집주간** 백은숙
편집 박홍민 노유연 박소현 임진영
관리 이주환 이희문 원선아 이진아 **마케팅** 이영은
디자인 창포 031-955-2097
인쇄 제책 예림

제1판 제1쇄 2025년 4월 10일

값 20,000원
ISBN 978-89-356-7896-9 03810

• 잘못 만들어진 책은 구입하신 서점에서 바꿔드립니다.
• 이 책은 관훈클럽정신영기금의 지원을 받아 저술·출판되었습니다.